두근두근 역사여행 고려

이인용 글
심수근 그림

주니어중앙

프롤로그

고려로 여행을 떠나는 아이들에게

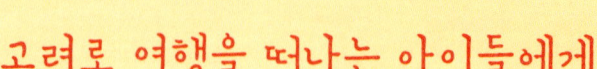

애들아 안녕! 내 이름은 '한국사'야. 이번 고려 여행의 안내를 맡은 선생님이란다. 난 학교에서 역사를 가르치고 있어. 그러니까 고려 여행 안내원으로서는 딱 알맞은 사람이라고 봐야겠지.

난 지금부터 너희와 함께 여행을 떠나려고 해. 바로 고려 시대의 흔적들을 찾아가는 고려 여행이야. 고려는 지금부터 약 1000년 전 우리가 살고 있던 바로 이곳에 있던 나라야. 1000년 전이라고 하니까 굉장히 오래된 거 같지? 맞아. 결코 짧은 시간은 아니야.

그런데 그렇게나 오래된 나라의 흔적을 왜 찾아 가냐고?

아마도 많은 친구가 그리스·로마 신화나 중국의 삼국지 이야기를 들어 봤을 거야. 책을 본 친구도 있을 것이고, 만화나 게임으로 알고 있는 친구도 있겠지. 그

고려 여행이라면 나에게 맡겨 주라고!

한국사
나이: 38세
직업: 역사 선생님
취미: 고려 역사 책 읽기, 동화 쓰기

리스·로마 신화에 나오는 신의 이름이나 삼국지 주인공의 이름을 외우고 있는 친구도 많지? 그런데 그 이야기들이 지금으로부터 몇 년 전 이야기일까? 그리스·로마 신화는 지금부터 약 3000년 전부터 나온 이야기이고, 중국의 삼국지도 1800년쯤 전의 이야기야. 그 먼 옛날의 서양과 중국의 이야기는 알고 있으면서 1000년쯤 전 우리나라 사람들이 어떻게 살았는지 모르는 친구들이 많은 것 같아서 좀 안타까워.

고려 시대 유적지에 가서 엽서 사와야지.

고려야! 기다려라, 우리 세 쌍둥이가 간다.

사고나 치지 말고 다니자고!

고려원
나이: 11세, 초등학교 5학년
취미: 엽서 모으기

고려국
나이: 11세
취미: 쌍둥이 동생 놀리기

고려진
나이: 11세
취미: 역사 책 읽기

    내가 지금부터 너희하고 여행을 떠나려는 이유가 바로 이거야. 현재 남아 있는 고려 시대의 흔적을 찾아 여행하면서 그 시대에 대해 알아보려는 거지. 1000년이라는 긴 시간이 지났지만 지금도 우리가 습관처럼 하는 말이나 행동, 또는 풍습 중에는 그 시대부터 시작된 것이 많거든. 그런 걸 생각하면 1000년이란 세월이 아주 멀게만 느껴지지는 않을 거야.

    그런데 고려의 수도는 개성이었고, 개성이 북한에 있다 보니 안타깝게도 고려의 궁궐 터나 왕실의 생활 모습을 엿보기는 어려워. 게다가 다른 민족과 전쟁을 많이 치루었고 오랜 시간이 지나면서 없어진 문화재도 많지.

    고려는 문화 수준이 굉장히 높은 나라였기에 당시 주변 나라들의 부러움을 샀고, 지금까지 전해지는 고려의 문화재 중에는 세계적으로 인정받는 것이 많이 있어. 아직 많은 친구들이 고려에 대해 잘 모르겠지만 고려가 남긴 문화유산을 살펴보면 고려가 얼마나 훌륭한 나라였는지, 우리 조상들이 얼마나 지혜로웠는지 알 수 있을 거야.

    고려의 문화재는 우리가 자주 놀러 가는 곳에 있는 것이 아니란다. 그래서 이제부터는 새로운 장소에 많이 가게 될 거야. 한 번쯤은 본 적이 있는

유적이나 유물을 만나게 될지도 몰라. 그래도 아마 그때는 고려의 문화재인 줄 모르고 지나친 것이 많을 테니 이번 여행은 새로운 것이 되겠지?
　어때, 여행이 기대되지 않니? 선생님은 벌써부터 가슴이 두근두근 설레는 걸. 자, 그럼 지금부터 멋지고 특별한 여행을 시작해 보자.

역사 선생님 한국사

두근두근 역사여행 - 고려
100배로 즐기는 방법!

🏠 고려로 여행을 떠나는 아이들에게
앞으로 어떤 내용이 펼쳐질지, 고려를 함께 여행할 친구는 누구인지 소개하는 코너야. 역사 선생님인 나 한국사와 아들 고려국, 고려진, 딸 고려원과 함께 하는 여행. 기대해도 좋을 거야!

🏠 여행을 떠나기 전에 꼭 알아 둘 것들
여행을 떠나기 전에 앞으로 여행하게 될 고려라는 나라의 수도, 국기, 언어, 인종 등 꼭 알아 두어야 할 핵심 정보를 모아 놓은 코너야.

🏠 1장-고려, 알고 떠나자!
본격적인 여행 전에 이해를 돕기 위해 여행지 고려의 역사부터 시작해서 문화, 경제, 사회 등 기본적인 내용을 알아보는 코너야. 알고 구경하는 것과 모르고 구경하는 것은 하늘과 땅 차이!

🏠 2장-두루두루 방방곡곡 고려 여행하기
고려는 불교의 나라였으니 사찰부터 다녀 보자고. 전국 방방곡곡 두루두루 둘러보며 고려 사람들의 생활을 생생히 체험해 보자!

🏠 풍부한 사진과 그림으로 보는 본문
실제로 현장에 가 있는 것처럼 느껴지는 생생한 사진과 재미난 그림을 보면서 술술 읽다 보면, 어느새 마지막 장을 덮고 있을 걸!

🏠 궁금한 것을 콕콕 짚어 주는 정보 코너
본문에 나온 것 가운데 더 알고 싶었던 것을 콕콕 짚어서 가르쳐 주는 코너야. 어때, 가려운 데를 시원하게 긁어 주는 것 같지?

🏠 고려 역사를 연표로
역사를 알아보기 쉽게 나타낸 연표를 보고, 고려의 흐름을 한눈에 파악할 수 있어. 연표까지 보고 나서 책장을 덮으면 고려는 이제 내 손 안에!

차례

프롤로그 ……… 2

고려, 알고 떠나자!

여행을 떠나기 전에 ……… 12
한눈에 보는 고려_고려의 주요 역사 ……… 16
능력보다는 집안이라네_고려의 신분 제도 ……… 28
새로워진 농업과 산업_고려의 경제 ……… 44
수도가 세 개인 나라_고려의 수도 ……… 51
왕실부터 백성까지 모두가 믿는 불교_고려의 종교 ……… 56
코리아를 알리다_고려의 무역 ……… 64
발달한 과학, 열심히 공부하는 고려인_고려의 과학 기술과 학문 ……… 70
고려 문화의 백미, 역사책과 청자_고려의 문화유산 ……… 81
흥을 아는 고려 사람들_고려의 놀이 문화 ……… 90
고려인이 전해 준 다양한 풍습_고려의 생활 양식 ……… 99

두루두루 방방곡곡, 고려 여행하기

전국 곳곳 떠나 보자_불교 유적 사찰 여행 ……… 108

수덕사 ……… 108
갑사 ……… 111
관촉사 ……… 115
연곡사 ……… 118
운주사 ……… 122
해인사 ……… 127
부석사 ……… 133
봉정사 ……… 140
월정사 ……… 142

두루두루 살펴보자_서울에 있는 고려의 문화유산 ········ 146
  국립중앙박물관 ········ 146
  경복궁 ········ 154

방방곡곡 돌아보자_전국에 있는 고려의 문화유산 ········ 158
  강화도 ········ 158
  경기도 파주 ········ 161
  충청북도 청주 ········ 163
  충청남도 천안 ········ 165
  강원도 강릉 ········ 167
  경상남도 창원 ········ 168

비행기 타고 돌아보자_해외에 있는 고려의 문화유산 ········ 170
  직지심체요절 ········ 170
  수월관음도 ········ 174

통일되면 꼭 가 보자_북한에 있는 고려의 문화유산 ········ 180
  만월대 ········ 180
  남대문 ········ 182
  선죽교 ········ 183
  공민왕릉 ········ 185
  현릉 ········ 188
  나성 ········ 190
  첨성대 ········ 192

연표 ········ 194

 여행 기초 정보

고려, 알고 떠나자!

아시아 동쪽 끝 한반도에 자리 잡은 나라, 고려.
고려는 불교와 귀족 문화가 특징인 나라야.
뛰어난 문신이 많다 보니 역사와 학문, 그리고 문화가 주변 나라보다 발달해
바다 건너 일본과 중국도 고려의 문화를 배우려고 노력할 정도였어.
자, 그럼 고려 여행을 즐기기 전에 먼저 고려의 기초 정보를 알아볼까?

여행을 떠나기 전에
꼭 알아 둘 것들

어디로든 여행을 가려면 가기 전에 여행지에 대한 기초 정보를 알고 가야겠지? 여행지가 어딘지, 어떤 특징을 가지고 있는지, 어떤 사람들이 살고 있는지 등등 말이야. 자, 지금부터 우리가 여행할 나라, 고려의 기초 정보 완전 정복을 위해 출발!

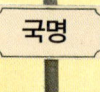 새로운 나라를 세운 왕건은 삼국 중에서도 고구려를 계승한다는 의미에서 나라 이름을 '고려'라고 했어. 이는 옛날 고구려의 땅을 되찾겠다는 의지를 보여 주는 것이야.

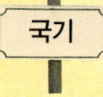 고려는 국기가 없었어. 다만 특이한 것은 고려에서도 오늘날 태극기의 태극무늬를 사용했다는 점이야. 허재라는 사람의 석관에 오늘날의 태극기와 비슷한 무늬가 새겨져 있어.

 옛날 고구려의 땅을 되찾고 싶었던 왕건은 북쪽으로 땅을 넓히기 위해 노력했어. 그 결과 청천강 유역까지 영토를 넓혔어. 고려 말에는 압록강 유역까지 차지했지만 지금 우리나라의 면적보다는 좁았어.

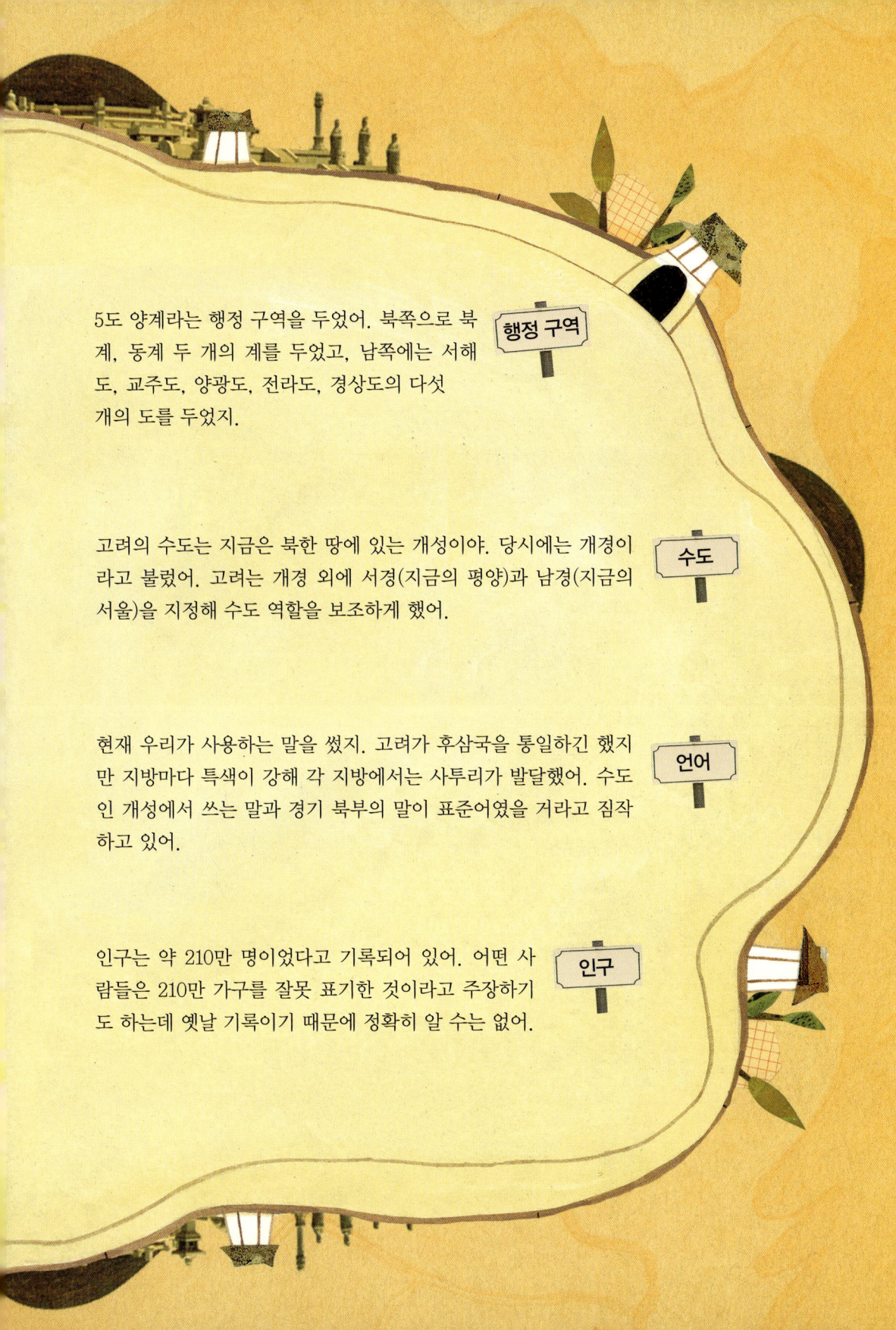

행정 구역

5도 양계라는 행정 구역을 두었어. 북쪽으로 북계, 동계 두 개의 계를 두었고, 남쪽에는 서해도, 교주도, 양광도, 전라도, 경상도의 다섯 개의 도를 두었지.

수도

고려의 수도는 지금은 북한 땅에 있는 개성이야. 당시에는 개경이라고 불렀어. 고려는 개경 외에 서경(지금의 평양)과 남경(지금의 서울)을 지정해 수도 역할을 보조하게 했어.

언어

현재 우리가 사용하는 말을 썼지. 고려가 후삼국을 통일하긴 했지만 지방마다 특색이 강해 각 지방에서는 사투리가 발달했어. 수도인 개성에서 쓰는 말과 경기 북부의 말이 표준어였을 거라고 짐작하고 있어.

인구

인구는 약 210만 명이었다고 기록되어 있어. 어떤 사람들은 210만 가구를 잘못 표기한 것이라고 주장하기도 하는데 옛날 기록이기 때문에 정확히 알 수는 없어.

인종 고려는 고구려, 백제, 신라인을 모아 세운 나라야. 하지만 삼국은 언어나 문화 면에서 비슷해 나라를 이끄는 데 큰 문제가 없었어. 또한 왕건은 발해인들까지 고려인으로 받아들였어.

문자 고유 문자가 없었어. 그래서 중국의 한자를 그대로 사용했고, 어려운 한자는 귀족만 사용할 수 있었기에 일반 백성은 글자를 모르고 지냈어.

공휴일 설이나 추석 같은 명절과 입춘, 춘분 같은 24절기도 공휴일이었어. 한식과 입하에는 3일을 쉬었고, 하지에는 7일을 쉬었지. 국가 행사인 팔관회를 할 때는 7일 동안 쉬었고, 여러 신에게 제사를 지내는 납향 때는 15일이나 쉬기도 했어.

화폐 쌀이나 옷감을 화폐로 쓰다가 점차 상업이 발달하면서 만든 것이 '건원중보'야. 건원중보에 이어 삼한통보, 해동통보, 해동중보, 활구(은병) 등의 화폐가 만들어졌어.

교통 귀족과 관리는 말과 마차를 타고 다녔지만 일반 백성은 걸어 다녔어. 무거운 물건은 소를 이용해 옮겼어.

적이 쳐들어오는 등 나라에 급한 일이 생겼을 때는 산 위의 봉화를 피워 알렸고, 개인끼리는 편지로 소식을 전했어.

통신

특별한 신분증이 없었어. 인구 조사나 세금 징수는 마을에 사는 향리가 했기에 그 마을에 누가, 몇 명이 사는지 알고 있었지. 단, 노비는 문서를 따로 만들어 관리했어.

신분증

고려는 불교의 나라로 국왕부터 일반 백성에 이르기까지 모두 불교를 믿었지. 종교는 불교를 믿었지만 관습이나 행사를 할 때는 도교의 풍습을 많이 따랐기에 도교도 발달했어.

종교

하루를 12등분하여 12시간으로 표시하는 12간지를 사용했어. 12간지는 쥐, 소, 호랑이 등 12개의 띠를 나타내는 동물의 이름을 따서 시간으로 표현한 것이야.

시간

한눈에 보는 고려 _ 고려의 주요 역사

어떤 나라를 알려면 그 나라의 역사를 아는 것은 기본!
역사를 알면 그 나라의 정치, 경제, 사회, 문화를 대략 이해할 수 있어.
후삼국 시대의 혼란을 수습한 왕건은 통일 국가 고려를 세웠어.
우리나라가 처음으로 '코리아'의 기반을 다진 고려의 역사를 지금부터 알아보자!

후삼국을 통일한 고려

고려는 918년에 세워져서 470년 넘게 이어지다가 1392년에 조선이 건국되면서 역사 속으로 사라진 나라야. 그렇지만 우리나라의 영어식 표기인 '코리아(KOREA)'가 '고려'에서 유래한 걸 보면 고려는 우리나라가 처음으로 세계에 알려진 의미 있는 시대지.

후삼국을 통일하고 왕건이 고려를 세울 당시는 무척 혼란스러

웠어. 왕건은 궁예가 세운 후고구려를 이어받아 다스리고 있었고, 견훤은 후백제를 다스리고 있었어. 여기에 신라까지 있어서 나라가 3등분 되어 있었지. 그래서 이 시기를 '후삼국 시대'라고 불러. 이 세 나라 모두 서로 자기 나라가 중심이 되어 통일하려고 싸웠지. 결국 936년 왕건이 신라와 후백제를 합쳐 후삼국 시대를 끝내고 통일했어.

왕건은 후삼국을 통일하고 고려를 세웠지만 불안함을 느꼈지. 당시 지방에는 큰 힘을 가진 호족 세력이 많았기 때문이야. 그래서 왕건은 힘 있는 여러 호족의 딸과 결혼했어. 왕이 사위라면 호족들이 왕에게 도전하거나 위협하는 일이 줄어들 거라고 여긴 거야. 또한 왕건은 호족들을 수도인 개경(지금의 개성)으로 불러 높은 관직을 주어 마음을 달래 주었어. 이렇게 호족들의 힘을 누르고 왕의 힘을 키워 나갔지. 하지만 왕건이 죽자, 바로 치열한 권력 다툼이 시작되었어. 이 일로 고려 초기에는 호족들의 힘이 다시 강해졌어.

이를 4대 왕이었던 광종이 바로 잡았어. 광종은 먼저 호족들의 노비를 풀어 주는 '노비안검법'을 실시했어. 노비는 '일손'을 의미했고 일손이 곧 재산이었거든. 재산이 줄어들면 경제적인 힘이 자연스럽게 약해지기 때문이야. 또한 광종은 호족이 아닌 새로운 인재를 뽑아 나라를 운영하고 싶어 했어. 그래서 과거 제도를 실시했지. 우리나라 최초로 시험으로 관리를 뽑았던 거야. 과거를 통해 학식과 능력이 뛰어난 관리를 채용하자 고려의 정치는 이전보다 발전해 나갔어.

 고려를 괴롭힌 전쟁

고려는 정치와 문화 면에서는 발전했지만 다른 민족의 침입을 자주 받았어. 왜냐하면 북쪽에 살던 유목 민족인 거란, 여진, 몽골 등의 힘이 유난히 강했기 때문이야. 이들은 보통 중국 왕조에

눌러 힘을 제대로 발휘하지 못할 때가 많았거든. 그런데 고려 시대에 중국을 통치했던 '송'은 힘이 약한 나라였지. 중국의 힘이 약해진 틈을 타 힘을 키운 유목 민족들은 중국뿐만 아니라 고려까지 침략해 온 거야.

993년 거란이 처음 고려를 침략했는데, 서희 장군이 화려한 말솜씨로 담판을 지어 위기를 극복했어. 고려는 피 한 방울 흘리지 않고 거란을 물리쳤고, 당시 여진의 손에 넘어가 있던 압록강 일대의 영토도 되찾아왔단다. 거란은 1010년에 또다시 쳐들어왔어. 이때는 현종이 수도 개경을 버리고 전라남도 나주까지 피난을 갈 정도였지. 고려 왕이 거란에 인사를 드리러 가겠다는 약속을 하고서야 겨우 거란은 물러갔어.

1018년 세 번째로 거란이 침입해 왔어. 이때 강감찬은 귀주에서 거란을 물리치고 큰 승리를 거두었어. 그리고 100년쯤 뒤인 1104년, 이번에는 여진이 쳐들어왔는데 윤관이 별무반을 조직하여 여진족을 몰아냈어. 하지만 그 뒤로 여진족의 힘이 더 강해져 결국 여진을 섬기는 조건으로 싸움을 끝냈어. 하지만 지금까지 겪은 거란, 여진과의 전쟁은 아무것도 아니었어.

칭기즈 칸을 중심으로 한 몽골은 중국뿐만 아니라 세계 대륙을 정복하기 시작했단다. 마침내 고려도 침략해 왔지. 몽골의 침략은 고려 시대 가장 큰 위기였지. 고려는 1231년부터 1258년까지 30년 가까이 몽골에 맞서 싸웠지만 결국 항복하고 말았어. 이렇게 계속되는 전쟁 때문에 백성의 생활은 어려워졌고, 많은 문화재가 없어지거나 불타 버렸지.

무신 정권과 몽골과의 전쟁

고려는 과거제로 관리를 뽑았기 때문에 학문이 발달했고, 공부하는 학자를 좋게 생각했어. 그래서 학자에게는 좋은 대우를 해 주었지. 과거에 합격한 학자는 정치를 맡았는데 이들을 '문신'이라고 했어. 문신을 우대하다 보니 반대로 군사 업무를 맡은 무신에 대한 차별이 심해졌지. 이 차별을 견디지 못한 무신들이 난을 일

강감찬 때문에 귀주에서 지는구나.

으켰는데, 그게 바로 '무신의 난'이야. 1170년 난을 일으킨 무신들은 문신들을 죽이고 주요 관직을 차지하고는 왕도 마음대로 바꿔 버렸어.

이렇게 나라가 혼란스러운 때에 세계에서 가장 강한 힘을 가졌던 몽골이 침략해 왔지. 무신들은 수도를 강화도로 옮기고 삼별초를 중심으로 몽골에 대항했어. 바다가 없는 대륙에서만 살던 몽골이 물에 약하다는 것을 알았기 때문이야. 왕과 무신들이 강화도로 피난을 가자 몽골은 남아 있는 백성을 괴롭히고, 우리나라의 문화재를 불태우며 파괴하기 시작했어. 이때 없어진 문화유산이 황룡사 9층 목탑, 초조대장경 등이야. 그때 불타지 않고 지금까지 남아 있다면 세계에서도 인정받을 우수한 문화유산이지.

몽골과의 싸움이 길어질수록 백성의 생활은 어려워졌어. 그래서 부처님의 힘으로 몽골을 물리치기 위해 팔만대장경을 만들기도 했어. 하지만 결국 고려는 몽골에 항복할 수밖에 없었지. 이로써 100년 동안 이어졌던 무신 정권도 끝나 버렸어.

1270년 고려가 몽골에 항복했지만 삼별초는 제주도까지 내려가 계속 싸웠지.

이 전쟁에서 꼭 승리해야 한다.

三別抄軍護國抗蒙遺墟碑

🔍 삼별초 유허비
삼별초를 기리기 위해 세운 비석이야.

공민왕의 개혁과 신진 사대부

고려가 몽골에게 항복하자 몽골은 고려에 여러 간섭을 시작했어. 고려의 왕은 몽골이 세운 원나라 공주와 혼인해야 했고, 그 사이에서 태어난 왕자는 원나라에서 자라고 교육을 받아야 했지. 또한 25대 충렬왕부터 30대 충정왕까지 왕의 이름에 원에 충성한다는 의미의 '충'자를 넣고는 원나라의 명령에 무조건 복종하기를 요

구했지. 몽골은 고려의 정치에만 간섭한 게 아니란다. 고려의 특산물과 여자들을 강제로 끌어갔고, 마음대로 땅을 빼앗기도 했어.

📷 **공민왕릉**
개성 만수산 언덕에 있는 고려 31대 왕의 무덤이야.

고려의 왕은 대항하려 했지만 몽골의 힘이 워낙 강해 결국 굴복해야만 했어.

공민왕도 몽골의 간섭에서 벗어나기 위해 노력한 왕이야. 마침 그때가 몽골의 힘이 서서히 약해지는 시기였어. 고려는 이 무렵 몽골에 빼앗긴 땅을 되찾았어. 또한 몽골이 고려 정치를 간섭하려고 만들어 놓은 기구들을 없애기도 했지.

하지만 공민왕의 개혁 정치에 걸림돌이 있었단다. 귀족이 나서서 공민왕의 개혁 정치에 반대했던 거야. 몽골을 몰아내면 자신들의 힘이 약해진다고 생각했기 때문이지. 왜냐하면 이들은 몽골의 편이 되어 대대로 권력을 누렸던 집안인 권문세족이었거든. 그러자 공민왕은 권문세족을 대신해 자신과 정치적으로 뜻을 같이 하는 새로운 인물을 뽑아야 했어. 이렇게 정치에 나서게 된 사람들을 '신진 사대부'라고 해.

신진 사대부는 과거를 통해 뽑힌 학식이 뛰어나고 생활이 검소한 학자들이야. 권문세족의 사치와 비리를 싫어해서 그들과 여러 면에서 갈등을 빚었어. 몽골의 힘을 빌어 여러 나쁜 짓을 일삼던 권문세족은 신진 사대부를 못마땅하게 여겨 정치에서 몰아내려고 했지.

이에 신진 사대부 중 일부는 이성계를 중심으로 새로운 나라를 세울 준비를 시작했어. 물론 이런 움직임에 반대하는 신진 사대부도 있었지. 그 대표 인물이 정몽주야. 하지만 정몽주가 이성계의 아들 이방원에게 죽임을 당하자 이성계를 지지하는 쪽의 힘은 더욱 커졌지. 그리고 고려의 마지막 왕인 공양왕이 이성계에게 왕의 자리를 물려주면서 고려 왕조는 막을 내리게 되었단다.

이성계에게 왕을 물려준 공양왕의 기분이 어땠을까?

능력보다는 집안이라네 _고려의 신분 제도

고려의 신분 사회는 아주 엄격했어. 신분을 높이는 것은 낙타가 바늘구멍을 통과하는 것만큼 어려운 일이었지. 그리고 무신의 지위는 문신에 비해 아주 보잘것없었어. 당연히 불만이 쌓일 수밖에. 딱 한 가지 좋은 점은 아들딸 차별하지 않았다는 거지.

능력보다는 집안이 중요해

고려는 지금으로부터 1000년 전쯤에 있었던 나라야. 당시 많은 나라가 그랬듯이 고려에는 크게 귀족, 중류, 양민, 천민 순서로 네 개의 엄격한 신분제가 있었어.

'귀족'은 왕족을 비롯하여 높은 관직을 가진 사람으로서 여러 특권을 누리며 수도인 개경에 살았어. 이들은 자손에게 물려줄 수 있는 넓은 토지를 갖고 있었어. 또한 '음서'라는 제도를 통해 과거 시험을 보지 않고도 관리가 될 수 있었지. 한 마디로 권력과 재산 모두를 가질 수 있었어. 귀족은 이렇게 큰 혜택을 다른 사람에게 나눠 주기 싫어서 귀족끼리만 결혼하고자 했지. 당시에는 귀족이 아닌 사람도 귀족과 결혼만 하면 똑같은 대접을 받을 수 있었거든. 이런 일을 막고자 귀족과 귀족 혹은 왕족과 귀족, 왕족과 왕족이 결혼했고 친척끼리 결혼하는 경우도 많았어.

녹봉

관리가 국가로부터 일한 대가로 관직의 등급에 따라 차등 있게 지급 받던 일종의 월급이야. 관리는 보통 땅과 녹봉 두 가지를 받았어. 녹봉은 녹과 봉으로 구별되는데, 녹은 쌀을 뜻하고 봉은 옷감을 의미했지.

귀족이 아닌 사람이 귀족이 될 수 있는 대표적인 방법으로 과거가 있어. 과거에 합격해 능력을 인정받으면 귀족이 되었지. 그런데 이 방법은 생각보다 쉽지 않았어. 왜냐하면 당시 사람들이 과거보다 음서를 더 중요하게 생각했거든.

능력만 놓고 보자면 음서보다 과거를 보고 관직에 오른 사람이 더 낫겠지만 고려 시대에는 집안을 더 중요하게 여겼어. 그래서 과거를 봐서 관직을 얻은 사람은 대체로 높은 관직에 오르지 못했지. 이에 비해 귀족으로 태어나 음서로 관직에 오른 사람은 계속

높은 관직을 차지하며 특권을 누렸어.

귀족 아래 계층으로 '중류'가 있어. 문서 정리나 기록, 국왕의 시중, 직업 군인, 지방 관리 등 전문적인 일을 하는 사람으로, 귀족은 아니지만 평민도 아니었지. 중류가 하는 일은 전문적이고, 꼭 필요한 일이어서 아들이 아버지의 일을 그대로 물려받는 경우가 대부분이었지. 중류는 나라에서 일한 대가를 받았기 때문에 생활은 넉넉한 편이었어.

세 번째로 '양민'이라는 신분이 있어. 농업과 상공업에 종사하는 백성으로 고려 시대에는 농민을 '백정'이라고 불렀지. '백정'이라는 호칭은 조선 시대에도 있었는데, 이때의 백정은 소 잡는 일을 하는 천대받던 사람이야. 그래서 고려 시대의 백정도 천민이라고 생각하기 쉽지만 고려의 백정은 일반 농민이었지.

양민은 세금을 내야 하는 의무가 있었어. 쌀로 내는 조세, 특산물로 내는 공납, 직접 가서 일을 해야 하는 역, 이렇게 세 종류의 세금을 내야 했어. 이 세금으로 왕실 살림을 운영하고 관리에게 녹봉을 주고, 국가의 사업 경비로 썼단다. 그러니까 양민의 세금이 없었다면 국가를 운영하기 어려웠지.

마지막으로 가장 천대받던 신분으로 '천민'이 있어. 천민의 대부분은 노비였는데 노비는 재산으로 여겨져서 국가나 개인이 소유할 수 있었지. 노비 중에는 주인과 따로 살면서 생활이 자유롭고, 약간의 재산을 모을 수 있는 경우도 있었지만 사람이 아닌 물건 취급을 받는다는 점에서는 똑같았어. 노비는 사고팔 수도 있었고, 다른 사람에게 선물로 줄 수도 있었어. 심지어 자식에게 물려줄 수도 있었지. 제대로 된 사람 대우를 받지 못한 거야. 게다가 귀족은 노비 수를 늘리기 위해 부모 중 어느 한쪽만 노비라도 그 자식을 노비로 만들었어.

고려 시대에는 이러한 신분제가 비교적 엄격하게 지켜졌어. 물론 신분을 아예 바꿀 수 없었던 건 아니야. 이의민이라는 사람은 원래 천민이었으나 뛰어난 무술을 인정받아 나중에는 최고의 권력자가 되었단다. 그러나 이런 경우는 매우 드물었고 대부분 태어날 때의 신분이 죽을 때까지 그리고 자식에게까지 그대로 이어졌어. 지금은 상상도 할 수 없지만 고려에서 신분제는 하늘이 정해 준 것으로 당연하게 여겨졌지.

이렇게 사람 대접을 받지 못한 천민들은 신분 제도에서 벗어나기를 꿈꾸며 난을 일으키기도 했는데, 개경에서 일어난 '만적의 난'이 대표적이야.

 칼보다 붓이 더 중요하다

신라가 망한 이유 중에 하나는 지방에서 힘을 키운 호족을 제대로 관리하지 못했기 때문이야. 특히 지방 호족은 개인적으로 군대를 거느리고 있어서 왕실도 호족의 군대를 무서워했어. 고려를 세운 왕건 역시 지방 호족이었지. 왕건은 개인 군대의 힘이 얼마나 막강한지 알았기에 건국 초기부터 호족의 군대를 줄이고자 애썼어. 호족의 힘이 강해져 왕의 힘이 약해질까 봐 두려웠던 거야. 그

고려의 과거 제도
문신을 뽑는 문과, 기술관을 뽑는 잡과,
승려는 뽑는 승과 이 세 종류의 시험이 있었어.

러다 보니 고려는 칼을 쓰는 무인보다는 글공부를 하는 문인에 대한 대우가 훨씬 좋았어.

무인에 대한 대우가 안 좋았던 건 제도만 보아도 알 수 있지. 고려에서 처음 시작된 과거에는 세 종류의 시험이 있었어. 첫 번째는 문신이 되기 위한 시험으로 이를 '문과'라고 불러. 책의 내용을 외우고, 문장을 짓는 실력을 평가하여 관리를 뽑았지. 두 번째는 기술관을 뽑는 '잡과'로 기술에 대한 지식과 실제 기술로 관리를 뽑았어. 세 번째는 승려를 뽑는 '승과' 시험이야. 고려는 불교를 높이 여겨 승려가 되려면 불경 암기 등 시험을 통과해야만 했지.

이처럼 다양한 과거 시험이 있었음에도 불구하고 무과 시험은 없었다는 게 특이하지? 보통의 국가는 문신과 무신을 모두 두었기에 과거 시험에서 가장 중요한 게 문과와 무과인데 고려 시대에는 무과가 없었어. 그럼 고려의 군인, 즉 무신은 어떻게 뽑았을까? 그냥 무술 솜씨만 보고 뽑거나, 아버지가 무신이면 아들이 그대로 무신이 되는 경우가 많았어. 그래서 무신은 높은 관직에 올라갈 수 없었지.

무신이 높은 관직에 못 올라가면 한 가지
문제가 생겨. 우리가 보통 '장군'이라고 부르는
사람은 관직이 높은 사람이야.
그런데 고려에는 관직이 높은 무신이
없으니 문신이 장군까지 맡았지.
서희, 강감찬, 윤관, 김부식 등
고려의 유명한 장군은
모두 무신이 아니라
글공부를 한 문신이야.

사정이 이렇다 보니 무신의 불만이 높았지. 잘 싸우지도 못하는 문신이 와서 장군을 하는 것도 마음에 안 드는데 문신이 무신을 무시하기까지 했거든. 특히 잘 나가던 문신 집안의 아들들은 나이가 많은 무신에게 장난치고 대들었어. 무신의 불만이 점점 커져 결국 무신의 난이 일어났어.

고려의 18대 왕인 의종은 정치에는 관심이 없고 놀러 다니는 걸 좋아했어. 왕에게는 그냥 소풍이었지만 무신들은 혹시라도 왕에게 무슨 일이 생길지 모르기 때문에 초긴장 상태로 왕을 모셔야 했지. 왕이 자리를 옮길 때마다 대규모의 군대도 함께 움직이며 왕을 호위해야 했어. 이런 일이 매일 반복되자 무신들은 슬슬 화가 났지.

하루는 보현원이라는 절로 놀러 간 날, 의종은 신하들에게 수박놀이(오늘날의 태껸과 비슷함)를 하라고 시켰단다. 그런데 그만 무신이었던 이소응이 문신에게 지고 말았어. 그러자 젊은 문신은 "대장군이 이기지도 못하냐!"고 하며 할아버지뻘 되는 이소응의 뺨을 때리고 망신을 주었지. 이 모습을 지켜보던 무신들은 화가 나서 난을 일으켰지. 그동안 억눌렸던 차별에 대한 불만이 폭발한 거야.

무신의 난 이후 무신들은 왕도 마음대로 바꾸었고 정치도 더 엉망으로 만들어 버렸어. 정치가 혼란스럽게 되자 백성의 생활은 어려워지고 나라는 큰 혼란에 빠졌지. 몽골이 침략해 온 것도 바로 무신이 정권을 잡고 있던 때야. 지배층인 무신이 피난을 간 사이 백성들은 몽골에 맞서 싸우느라 힘든 시간을 보냈지. 결국 무신의 난은 백성의 생활을 더 어렵게 만들고 많은 문신을 희생시킨 불행한 사건이었어. 하지만 이것도 무신을 무시하던 고려의 분위기가 만들어 낸 비극이라고 할 수 있지.

 딸도 아들과 마찬가지로 똑같은 자식이다

옛날 우리나라에서는 딸보다는 아들을 중요하게 여겨 아들을 낳지 못한 며느리는 심한 경우 집에서 쫓겨나기까지 했어. 특히 조선 시대에는 부인이 아들을 낳지 못하면 다른 부인을 맞아 아들을 낳는 것이 가능했지. 이처럼 아들을 중요시했던 이유는 아들이 집안의 혈통을 잇기 때문에 아들이 없으면 집안의 대가 끊겨 망한다고 생각했기 때문이야.

그렇다면 조선 시대보다 더 오랜전인 고려 시대는 어땠을까? 고려 시대의 여성은 우리가 생각하는 것보다 훨씬 더 지위가 높았어. 물론 벼슬을 할 수 없다는 점은 조선 시대와 다를 바 없었지만 가정에서만큼은 달랐지. 일단 남편이 한 명의 아내만 둘 수 있는 일부일처제였어. 조선 시대에 첩을 둘 수 있는 것과는 많은 차이가 있었지. 그렇다고 첩을 둔 남편이 없었던 것은 아니야. 하지만 만약 첩을 둔 사실이 밝혀지면 아무리 높은 관직의 사람이라도 여자들이 가만두지 않았어. 여러 명이 한꺼번에 몰려가 혼내 주거나 소문을 내서 망신을 주는 등 남자가 첩을 두지 못하게 벌을 주었지.

또한 고려 시대에는 딸과 아들을 차별하지 않았어. 먼저 아래 글을 한번 읽어 볼래?

손변이 경상도 안찰부사로 임명되어 갔을 때 어떤 남매가 재산 문제로 송사를 벌였다. 남동생은 "누이가 부모 유산을 혼자 독차지하고 자기에게는 나누어 주지 않았다."라고 하였다. 누이는 "아버지가 세상을 떠날 때 재산을 모두 나에게 주었다. 동생에게는 검정 옷 한 벌, 검은 갓 하나……." 손변이 남매를 불러 물었다. "부모 마음에 자식은 다 같은 법이다. … 동생이 의지할 곳은 누이인 딸밖에 없다. 만일 재산을 나누어 주었다면 누이가 동생을 덜 사랑하고 잘 기르지 않을까 봐 걱정했을 것이다." 누이와 동생이 그 말을 듣고 감동하여 울었다. 이에 손변은 남매에게 재산을 반씩 나누어 주었다.

『고려사』 중에서

이 기록처럼 부모가 재산을 물려줄 때도 아들에게 더 많이 주는 법이 없었어. 호적에 이름을 올릴 때도 나이 순서대로 딸과 아들을 모두 올렸기 때문에 차별은 없었어. 얼마 전까지 있던 호적 제도에도 아들 이름만 올렸던 것과 비교하면 고려 시대 여성의 지위

가 얼마나 높았는지 짐작할 수 있을 거야.

이렇듯 아들과 딸을 차별하지 않았던 이유는 집안의 대를 꼭 아들이 이을 필요는 없었기 때문이야. 아들이 있으면 아들이 대를 잇고, 만약 아들이 없으면 딸이 이으면 된다고 생각했던 거지. 제사를 지낼 때에도 아들이 없으면 딸이 지냈어. 따라서 딸이든 아들이든 자식은 모두 똑같았어. 부모가 재산을 나눠 줄 때도 별도의 유언이 없으면 아들딸 가리지 않고, 똑같이 나눠 주었어.

고려 시대 여성의 지위는 재혼 문제만 봐도 알 수 있어. 조선 시대와는 달리 고려 시대의 여성은 이혼이나 재혼이 자유로웠어. 또한 재혼한 여성이 낳은 자식도 차별받지 않았지. 조선 시대에는 첩이 낳은 자식이나 여성이 재혼해서 낳은 자식은 아무리 양반이라고 해도 과거에 응시하지 못하게 했거든. 그러면 그 자식은 관직에 오르지 못했지. 이렇게 고려 시대와 조선 시대의 여성은 완전히 다른 삶을 살았던 거야.

어때? 이 정도면 고려 시대에는 부모가 아들이든 딸이든 똑같이 대우했다고 볼 수 있지?

그런데 몽골이 침략하자 딸 가진 부모의 걱정이 늘기 시작했어. 몽골이 고려 여자를 잡아갔던 거야. 몽골은 결혼을 안 한 처녀만 잡아갔기에 부모는 딸을 일찍 결혼시키기 시작했어. 결혼한 여자는 잡아가지 않았거든. 그래서 한때 어린 나이에 결혼하는 '조혼'의 풍습이 생기기도 했어. 이처럼 특이한 결혼 풍속이 생기기도 했지만 여성의 가정적 지위가 높았던 점은 변함이 없었어.

새로워진 농업과 상업 _고려의 경제

고려 시대 사람들은 주로 무슨 일을 하면서 살았을까?
그리고 일한 대가로 무엇을 받았을까? 그때도 돈을 썼을까?
상업이 발달하지 않았던 고려 시대에는 농사짓는 일이 가장 중요했지.

🏠 모내기를 하고, 돈을 만들다

우리나라는 오래전부터 농경 문화가 발달했는데, 고려도 건국할 때부터 농업을 중시하여 농업이 크게 발전했어. 특히 황무지를 일구어 농지로 만드는 일을 장려했는데, 힘들고 위험한 일이었기 때문에 농민들이 쉽사리 나서지 않았지. 그러자 고려 왕실은 개간한 땅에는 일정 기간 동안 세금을 걷지 않는 등 혜택을 주었어.

고려 때 농업이 얼마나 발전했는지 알 수 있는 게 바로 모내기야. 고려 때 모내기가 시작되었지. 모내기는 벼농사를 짓는 방법 중 하나인데 논에 직접 벼를 심지 않고 모판에 따로 심었다가 벼가 일정 크기로 자라면 논에 옮겨 심는 방식이야. 모판에서 벼가 자라는 동안에는 논에서 보리를 재배할 수 있지. 이러한 모내기는 중국에서 먼저 시작되어 고려에 전해졌는데 지금도 벼농사에 이용하고 있어.

농업을 중시하던 고려는 상업에는 관심이 적었어. 하지만 무역이 활발해지면서 다른 나라의 상인이 고려의 시장에 들어와서 장사하는 일이 생겼지. 이런 변화에 발맞추어 고려 시대에는 화폐, 즉 돈이 등장했어.

고려 때 모내기가 시작되었지.

지금이야 누구나 물건을 살 때 돈을 사용하지만 옛날 사람들은 돈을 쓰지 않았어. 그럼 물건을 살 때는 어떻게 했을까? 내가 갖고 있는 물건과 다른 사람의 물건을 맞바꾸거나 어떤 물건을 돈처럼 사용했지. 사람들이 돈 대신 가장 많이 사용한 물건은 보관과 양 조절이 쉬운 쌀과 옷감이었어. 쌀이나 옷감이 물건을 사고팔 때 유용하게 쓰였지만 물건을 거래하는 양이 많아지면서 점점 화폐가 필요해졌지.

그래서 나온 금속 화폐가 '건원중보'인데, 우리나라 최초의 화폐야. 건원중보에 이어 삼한통보, 해동통보, 해동중보, 동국통보 등 여러 동전이 만들어졌어. 생김새는 동그란 동전에 가운데 네모난 구멍이 뚫려 있고 글씨가 쓰여 있단다.

이런 동전과는 달리 은으로 만든 화폐인 은병도 있었는데 모양이 독특했지. 입구가 넓은 병 모양이라서 은병을 활구라고 부르기도 했어.

은병

병처럼 생겨서 은병이라고 불렀어.

 월급을 땅으로 받다

예전 우리나라에서는 관리에게 일한 대가로 돈을 주지 않고 땅을 주었어. 그럼 관리는 어떻게 먹고살았냐고? 땅을 준다는 것은 실제로 땅을 주는 게 아니라 그 땅에서 농사지은 농민에게 세금을 받을 수 있는 권리를 준다는 뜻이야. 즉 농민은 농사를 지어 수확한 농작물의 일부를 왕에게 세금으로 내야 하는데, 그 세금을 왕 대신 그 땅을 받은 관리에게 내는 거지.

관리에게 땅을 준 것은 신라 시대나 조선 시대에도 마찬가지였어. 하지만 고려 시대에는 특이하게 두 종류의 땅을 주었지. 하나는 쌀을 비롯한 곡물을 걷을 수 있는 농지였고, 나머지 하나는 산이었어. 산을 준 이유는 산에 있는 나무를 땔감으로 쓰라는 거였지. 옛날에는 음식을 하거나 난방을 할 때 나무를 썼기 때문에 땔감은 굉장히 중요한 필수품이었거든.

관리가 받은 땅은 월급 대신 받는 것이므로 관직을 그만두면 국가에 돌려주어야 해. 하지만 돌려주지 않는 땅도 있었어. 관직이 높은 귀족이 받는 땅을 '공음전'이라고 했는데, 공음전은 자식에게 물려줄 수 있었지. 고려 시대의 귀족이 풍족하게 살 수 있었

던 이유가 바로 물려받은 땅 때문이었어. 또 하급 군인이나 지방의 향리가 받은 땅도 자식에게 물려줄 수 있었어. 그건 군인이나 향리라는 직업은 자식이 물려받았기 때문이야. 자식이 어차피 그 일을 할 테니까 굳이 땅을 나라에 반납할 필요가 없었던 거지.

남계원 칠층 석탑

관리만 땅을 받았던 건 아니야. 왕실이나 관청도 경비가 필요했기에 땅을 받았어. 그리고 사원(절)에도 땅을 주었지. 고려 시대에는 불교를 중요하게 여겨 왕족이나 귀족도 승려가 되는 경우가 많았어. 여러 불교 사업을 하는 절은 국가로부터 땅을 받아 비용을 썼어.

드물게는 농민 중에서도 땅을 갖고 있는 사람이 있었어. 농민 소유의 땅을 '민전'이라고 했는데 이 땅은 개인 재산으로 인정되어 사고팔거나 남에게 빌려 줄 수 있었지.

하지만 고려 후기에는 토지 제도가 흔들리기 시작했어. 무신의 난과 몽골의 침략을 겪으면서 불법적으로 땅을 넓히려는 사람이 나타났기 때문이지. 특히 고려 말기 원나라의 힘을 등에 업은 귀족들은 농민의 땅을 빼앗고 농민을 자신의 노비로 만들었어. 농민의 수가 줄어들자 국가로 들어오는 세금도 줄었지. 권문세족의 힘이 강해질수록 백성의 생활은 힘들어지고 나라는 어려움을 겪었어.

그러자 나라를 바로잡으려고 했던 신진 사대부가 이성계와 손잡고 조선을 세우게 돼. 결국 고려가 망하게 된 이유는 지배층의 욕심과 잘못 때문이었지. 정치가 왜 중요한지 그 이유를 알겠지?

수도가 세 개인 나라 _ 고려의 수도

우리나라의 수도는 서울이야. 한 나라의 수도는 대부분 하나밖에 없지.
그런데 고려의 수도는 세 개야. 어떻게 한 나라의 수도가 세 개나 될 수 있냐고?
글쎄, 지금부터 알아보기로 할까?

 정치, 문화의 중심 3경

　고려를 세운 왕건은 개경(지금의 개성)을 수도로 정했어. 그리고 나라를 효율적으로 다스리기 위해 개경 이외에 서경(지금의 평양), 남경(지금의 서울)을 지정하여 이 지역을 중요하게 여겼지. 이렇게 개경·서경·남경 세 지역을 묶어 고려 시대에는 3경이라고 불렀고, 모든 정치와 문화는 3경을 중심으로 발전했어.

왕건이 고려를 세울 무렵의 영토는 지금의 우리나라보다 작았어. 예전 고구려 땅은 대부분 다른 민족에게 빼앗긴 상태였지. 왕건이 나라 이름을 '고려'라고 지은 이유도 옛날 고구려의 뒤를 잇겠다는 의지에서 나온 거야. 왕건은 옛 고구려 땅을 되찾고 싶어 했지. 그래서 북진 정책을 펼치게 된 거야. 왕건이 영토를 북쪽으로 넓히려다 보니 자연스럽게 개경보다 북쪽에 위치한 서경을 중요시하며 많은 관심을 기울였지.

하지만 고려의 정식 수도는 개경이었고 고려의 모든 귀족은 개경에 살았어. 당연히 귀족들은 모든 혜택과 특권이 개경에 살고 있는 자신들에게만 주어지길 바랐고 다른 지역 사람을 무시했지. 이런 귀족들을 놀라게 한 사건이 일어났는데 바로 묘청의 서경 천도 운동이야.

묘청은 조심씩 힘을 키워 나가고 있었는데, 그 무렵 고려는 안팎으로 위기를 맞고 있었어. 왕의 힘이 약해져서 정치가 혼란스러운데다 여진족의 침략을 막지 못해 여진족에게 신하 취급을 당하면서 어려움을 겪고 있었지. 그러자 당시 왕이었던 인종은 이런 위기 상황을 극복하려고 묘청과 손을 잡았어.

묘청은 서경 출신의 관리로 개경 출신의 귀족과는 여러 면에서 달라서 인종과 개혁 정치를 펼쳐 나가기에 안성맞춤이었어. 특히

묘청은 수도인 개경의 기운이 안 좋기 때문에 땅의 기운이 좋은 서경으로 수도를 옮겨야 한다고 했지. 게다가 북진 정책의 중심지인 서경을 수도로 삼아 여진족을 정벌하여 고려의 체면을 지키자고 주장했어.

　묘청의 주장에 따라 인종은 수도를 옮기려고 서경에 궁을 짓기 시작했어. 그러자 개경에 살던 귀족은 수도가 서경으로 옮겨지면 힘을 잃게 될까 봐 서경 천도를 강하게 반대했어. 당시 힘이 막강했던 귀족의 반대를 누를 수 없었던 인종은 결국 수도를 서경으로 옮기려던 계획을 없던 일로 하게 되었어. 이에 묘청을 비롯한 서경 출신 관리들이 화가 나서 서경을 수도로 새로운 나라를 세우려고 했지. 하지만 서경성에서 반란을 일으킨 지 1년여만에 개경 귀족의 공격으로 묘청의 계획은 실패로 돌아갔어.

비록 묘청의 서경 천도 운동은 실패했지만 고려 역사에서 중요한 사건 중 하나로 손꼽힌단다. 여진족에 굴복하지 않으려는 고려인의 자주 의식을 엿볼 수 있거든. 또 모든 권력을 쥐고 있던 귀족에게 대항한 사건이라는 점에서도 의미가 있지.

📷 **개성 남대문**
고려 왕조의 마지막 건축물이야.

왕실부터 백성까지 모두가 믿는 불교 —고려의 종교

고려 시대 때는 불교와 도교, 풍수사상 등 다양한 종교가 있었어. 하지만 무엇보다도 불교를 높이 받들고 귀하게 여겼지. 따라서 불교 문화가 발달했단다. 고려 시대의 불교와 문화에 대해 알아보자.

유교의 전래, 하지만 고려는 불교 국가

고려는 유교를 받아들였어. 유교에서는 왕이 인자함으로 관리와 백성을 다스리면, 관리는 예를 다해 왕을 모시며 충성을 다하고, 백성은 왕을 부모처럼 여겨 효와 충으로 받든다고 주장해.

고려에 이러한 유교 정치 이념을 들여온 사람은 성종 때 관리인 최승로야. 성종은 유교 정치를 하기 위해 그전까지 국가의 가장 큰 행사였던 팔관회와 연등회를 없애 버렸어. 팔관회는 불교, 유교, 도교, 풍수지리 등 전통 신앙을 한자리에 모은 축제였어. 연등회는 부처의 입적을 기념하고 만물이 소생하는 것을 기념하는 행사였지. 성종은 이 두 가지 행사 모두 유교 정치 이념과 맞지 않고 사치스럽다고 하면서 없애 버렸지.

그렇지만 백성은 여전히 두 행사를 했어. 대부분 불교를 믿던 고려 백성에게는 팔관회와 연등회가 단순한 놀이가 아니라 종교적 의미가 더 깊었기 때문이지. 물론 두 행사를 위해 많은 돈을 써야 했어. 그렇지만 왕부터 백성까지 모두 불교를 믿던 고려에서 불교 행사를 없애는 건 도리가 아니라고 생각했던 거야. 결국 팔관회와 연등회는 국가에서 없앤 지 30년 만에 되살아나. 이유가 뭘까? 바로 거란이 쳐들어왔기 때문이야. 고려에 거란이 쳐들어오자 왕실에서는 부처님의 힘으로 거란의 공격을 막고자 팔관회와 연등회를 부활시킨 거야.

거란의 침입을 막기 위해 벌인 일이 또 하나 있어. 대장경을 만들기 시작한 거야. 대장경이란 흩어져 있던 불교의 경전을 모아 하나의 체계를 잡은 것이야. 부처님의 도움으로 거란을 막아 보려고 부처님의 말씀을 나무에 새겼던 거야. 적이 쳐들어왔는데 대장경을 만드는 대신 맞서 싸우는 게 낫지 않을까 생각하는 사람도

있을 거야. 하지만 종교를 믿는 사람은 어려운 일이 있을 때 신에게 의지하여 극복하려는 마음이 크기 때문에 부처님께 의지하기 위해 대장경을 만든 거야.

우리가 많이 들어 봤던 팔만대장경은 고려 시대에 만들어진 대

장경 중 하나야. 고려 시대에는 모두 세 번에 걸쳐 대장경을 만들었는데, 모두 부처님의 힘으로 국가의 위기를 막고 적을 물리치겠다는 의미였지. 불행히도 먼저 만들어진 대장경 두 개는 없어지고 지금은 팔만대장경만 남아 있어. 하지만 대장경 만드는 작업을 세

번씩이나 할 정도로 고려인들은 신앙심이 높았지.

불교에 대한 믿음은 왕실, 귀족, 일반 백성 할 것 없이 똑같았어. 그래서 사람들은 부처님을 섬기기 위해 많은 시간과 돈을 들였어. 그 대표적인 예가 흥왕사야. 지금은 북한에 절터만 남아 있는데, 고려의 대표 승려인 의천이 초대 주지 스님으로 머물렀던 절로 유명해. 의천은 당시 왕이었던 문종의 아들이었어. 그래서 흥왕사를 짓는 일은 왕실과 귀족에게 커다란 관심거리였어. 흥왕사를 지을 때는 무기를 만들려고 모아 두었던 철도 사용했대. 무기를 만드는 것만큼이나 절을 짓는 일도 중요하게 여겼다는 거지.

또한, 고려 시대에는 '선종'이라는 새로운 불교가 생겨났어. 불교는 삼국 시대에 전래되었지만 처음에는 왕이나 귀족만 믿을 수 있는 종교였어. 불교를 믿고 극락에 가려면 불경을 열심히 읽어야 하는데, 일반 백성은 어려운 한문으로 된 불경을 읽을 수가 없었거든. 이런 불교를 '교종'이라고 해. 그런데 신라 말에 새로운 불교가 전해졌어. 새로운 불교에 따르면 불경을 읽을 필요 없이 명상을 해서 스스로 깨닫기만 하면 극락에 갈 수 있다는 거야. 이런 불교를 '선종'이라고 해.

선종이 전해지자 일반 백성은 불교에 가까워질 수 있어 좋아했지만 귀족은 불만이 많았어. 점차 고려의 불교는 선종과 교종, 두

갈래로 나뉘어 발전해 갔지. 그러자 두 개로 나뉜 불교를 하나로 합쳐야 한다는 주장이 나왔어.

이를 실천에 옮긴 사람이 바로 의천이야. 의천은 교종과 선종, 두 불교를 합쳐 천태종을 만들었어. 하지만 의천은 왕의 아들이었기 때문인지 선종보다는 교종의 입장을 더 많이 반영했지. 그 뒤 시간이 흘러 고려 후기의 승려 지눌은 다시 새로운 통합 불교를 만들었는데 그게 바로 '조계종'이야. 조계종은 현재 우리나라 불교

개성 영통사 승려 의천이 천태종을 처음으로 열었던 곳으로 북한에 있어.

의 대부분을 차지할 정도로 중요한 역할을 해 왔어.

고려 시대에는 왕실에서부터 일반 백성에 이르기까지 모두가 불교를 믿었기 때문에 절이나 탑을 세우고, 불상을 만드는 등 불교와 관련된 유적이 많이 만들어졌지. 물론 삼국 시대나 통일 신라 시대에도 불교 유적이 많이 만들어졌어. 그런데 그때는 이 일에 왕실이 앞장섰기 때문에 돈과 정성을 많이 들여 예술적인 가치가 높은 작품을 주로 만들었어. 하지만 고려 시대에는 천태종이나 조계종의 영향으로 불교가 백성들에게 친숙하고 가까워졌지. 그래서 일반 백성이나 지방의 호족도 손쉽게 절이나 불상, 탑을 만들었지. 물론 예전보다 예술성은 떨어지지만 개수는 훨씬 많아졌어. 주변에 탑, 불상, 절이 많아지니 백성들이 더 쉽게 불교를 믿을 수 있었지.

이처럼 고려 시대는 불교가 사람들의 일상생활 속으로 스며들었어. 그만큼 어느 시대보다 불교가 화려한 꽃을 피운 때였지.

코리아를 알리다 _고려의 무역

우리나라의 영어식 표기는 왜 '코리아(KOREA)'일까?
바로 아라비아 상인들이 고려를 '코리아'라고 불렀기 때문이지.
고려 시대에 아주 활발하게 해외 무역을 했거든.
다른 나라와도 교류했던 고려에 대해 알아보자.

세계화를 이룬 고려

옛날에는 교통수단이 발달하지 않아 다른 나라와 교류하기가 어려웠어. 하지만 고려 시대에는 다른 나라와의 무역이 활발하게 이루어졌어. 중국과의 무역은 말할 것도 없고 일본, 거란, 여진, 더 나아가 아라비아와의 무역도 활발했단다. 오늘날 우리나라의 영어식 표기가 'KOREA'인 이유도 바로 이 때문이야. 아라비아 상인이 고려를 오가며 고려의 물건을 서양에 내다 팔았고 이때 '고려'를 '코리아'라고 부르게 된 거지.

고려는 중국의 송나라와 가장 활발하게 무역을 했어. 우리나라는 어느 시대나 중국과의 교역을 굉장히 중요하게 여겼지. 중국을 거쳐 여러 나라의 앞선 문물을 받아들일 수 있었기 때문이야. 아시아 동쪽 끝에 있는 우리나라는 지리적인 위치 때문에 다른 나라와 만나기가 쉽지 않았어. 배를 타고 멀리 있는 나라까지 가는 게 힘들었던 때니까 무역은 주로 육로로 이루어졌지. 그래서 우리는 중국을 통해 멀리 있던 다른 나라의 문물을 받아들였던 거야.

고려 시대에 무역이 많이 이루어졌던 항구는 '벽란도'라는 곳이야. 벽란도는 송나라, 일본, 동남아시아에서 온 상인들로 늘 붐볐지. 아라비아에서 온 상인도 있었어. 벽란도는 고려의 수도인 개경과 가까웠고 중국의 산둥 반도까지 거리도 짧아서 국제 무역항으로 발전할 수 있었어. 고려가 중국 송나라에서 수입했던 물건은 주로 왕실과 귀족이 사용하던 것이었어. 비단이나 책, 약재, 도자기 같은 물건이었지. 한편, 송나라가 고려에서 사 간 물건은 대부분 지방의 특산물이었어. 나전칠기나 화문석, 인삼, 먹 등 우수한 기술로 만들어진 물건이었지.

거란이나 여진과는 주로 생활필수품이 거래되었어. 거란이나 여진이 살던 지역은 황폐한 땅이어서 식량을 구하기 위해 고려와 무역을 했던 거야. 거란과 여진은 고려의 곡식이나 농기구, 그 밖의 생활용품을 사 갔고 그 대가로 금이나 은, 말 등을 주었지.

일본 역시 중국과의 무역을 통해 앞선 문물을 받아들이려고 벽란도로 왔어. 중국에 직접 가는 것보다 벽란도가 훨씬 가까웠기 때문이지. 일본은 벽란도에서 여러 종류의 책이나 고려의 특산물인 인삼 등을 사 갔어. 그 대가로 일본에서 나는 수은이나 진주 등을 고려에 주었지.

벽란도에 찾아왔던 나라로 아라비아도 빼놓을 수 없어. 고려에서는 아라비아를 '많이 먹는 나라'라는 뜻의 '대식국'이라고 불렀어. 아라비아 상인은 고려에서 구하기 힘든 수은, 향료, 산호 등을 가져왔단다. 아라비아 상인은 무역도 하고 고려에 들어와 생활하기도 했어. 어떻게 알 수 있냐고? 고려 시대에 유행했던 '고려 가요' 속에 그 증거가 남아 있거든.

고려 가요란 고려 시대에 평민이 즐기던 시나 노래 같은 거야.

그 가운데 '쌍화점'이라는 게 있는데 쌍화점에 '회회아비'라는 사람이 나오지. '회회아비'란 바로 아라비아 사람을 부르던 말이었어. 쌍화점이 유행했다는 것만 보아도 아라비아 상인이 고려에 자주 오갔고 고려 사람과 친숙했다는 걸 알 수 있지. 이처럼 아라비아 상인의 왕래가 잦았으니 고려의 이름이 서양에 알려지게 된 건 너무 당연한 일이겠지?

발달한 과학, 열심히 공부하는 고려인 _ 고려의 과학 기술과 학문

공부를 안 해도 높은 관직에 오를 수 있다면 사람들은 열심히 공부하지 않겠지?
이런 이유로 고려 시대에는 과거 시험이 생겼어.
출세하고 싶은 사람은 시험에 합격하기 위해 열심히 공부했지.

생활 과학이 발달한 고려

고려는 과학 기술 분야에서 중요한 업적을 많이 남겼어. 인쇄술이나 상감 청자 기술이 발달한 데에도 뛰어난 과학 기술이 한 몫을 했지. 특히 고려에서 발달했던 과학 기술은 천문학과 의학이었어. 천체의 운행을 관측하여 달력을 만들고, 이를 농사에 활용하는 천문학은 예전부터 매우 중요했어. 특히 우리나라처럼 농업을 중요

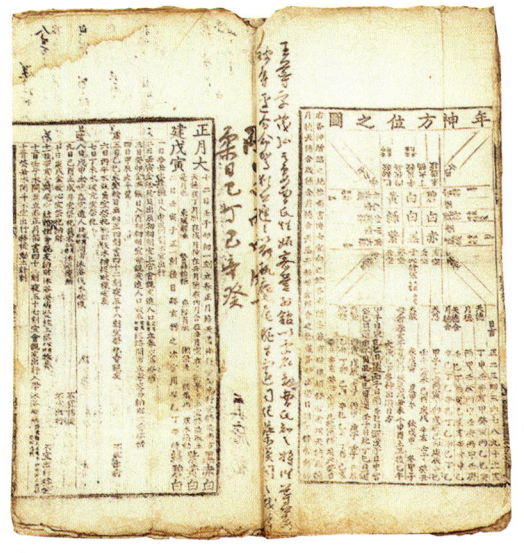

📷 경진년 대통력

고려 때 중국에서 수입되어 약 300년간 우리나라에서 사용된 달력이란다.

시하던 나라에서는 천문학에 많은 신경을 써야 했어. 고려는 천문학을 맡은 관청까지 따로 두었고, 개경에 있는 첨성대에서 관측 업무를 봤지. 여기에 중국과 아라비아의 달력이 전해지면서 고려의 천문학은 높은 수준으로 발전했어.

고려는 의학 수준 또한 상당히 높았어. 과거 제도에서 의원을 뽑는 의과를 따로 둘 정도였지. 또한 중국에서 들여온 의학 기술을 우리나라 실정에 맞게 발달시켜 '향약방'이라는 독자적인 처방을 만들었어. 의학책도 많이 편찬했는데 1236년에 나온 『향약구

급방』은 현재 우리나라에서 전해지고 있는 가장 오래된 의학 책이야. 이 책은 여러 가지 질병에 대한 처방과 약재 180여 종을 소개해 놓았지.

의학이 발달하자 가난한 백성도 의료 혜택을 받을 수 있게 됐어. 나라에서는 개경에 동·대비원과 서·대비원이라는 병원을 두었지. 또한 혜민국을 만들어 일반 백성이 약을 받아갈 수 있도록 했지.

고려의 과학 기술 발전에서 빼놓을 수 없는 건 화약 제조 기술이야. 화약 제조 기술을 가장 먼저 알게 된 나라는 중국인데, 중국

은 이 기술을 철저하게 비밀로 했지. 하지만 최무선은 화약 제조 기술을 알아냈단다. 최무선은 화포와 같은 화약 무기를 만들었어.

최무선은 화포를 이용해 왜구를 물리치는 데 큰 공을 세웠어.

이처럼 고려의 발단된 과학 기술은 사람들의 일상생활을 편리하게 해 주었고, 전쟁 같은 나라의 위기 때도 큰 도움을 주었어.

 열심히 공부하는 고려인

고려는 이전 시기에 비해 학문도 발달했어. 왜냐하면 과거 제도가 있었기 때문이야.

통일 신라 시대까지는 관리를 뽑는 시험 제도가 없었어. 나라에서 일할 관리를 신분으로 뽑았거든. 따라서 신분이 낮은 사람이나 높은 사람이나 공부에 대한 열의가 높지 않았어. 신분이 낮은 사람은 공부를 해도 소용이 없었고, 신분이 높은 사람은 공부를 열심히 하지 않아도 관리가 될 수 있었기 때문이지.

고려 4대 왕인 광종은 실력 있는 사람을 관리로 뽑고 싶어 했어. 이때 중국에서 온 쌍기라는 사람이 과거 제도를 건의했지. 중국에는 이미 과거 제도가 있었거든. 특히 고려와 친했던 송나라가 과거 제도를 발전시켰기에 들여오기에 안성맞춤이었지.

과거 시험은 보통 3년에 한 번씩 치렀어. 3년이 너무 길다고? 때로는 매년 실시하기도 하고, 한 해 걸러 실시할 때도 있었지. 그

렇지만 과거에 합격한다고 해서 꼭 관리가 될 수 있었던 건 아니야. 합격자보다 관직이 더 적었거든.

　고려의 과거는 일반 관리를 뽑는 문과, 기술관을 뽑는 잡과, 승려를 뽑는 승과로 나뉘었는데, 출세하려는 사람은 문과 시험을 봐야 했어. 문과 시험 과목은 모두 유교 경전이어서 과거를 준비하는 사람이라면 누구나 유교 경전 공부를 했지. 이때부터 우리나라의 유학이 발전하기 시작한 거야.

　유학은 어려운 학문이라서 수도 개경이 아닌 지방에까지 쉽게 전파되기 어려웠어. 그래서 성종은 지방의 유학 교육을 장려하려고 유학 박사를 지방에 보내 사람들을 가르치게 하고, 실력이 좋은 사람을 중앙 관리로 추천하게 했어. 그러자 전국적으로 유학에 대한 관심이 늘고 수준이 향상되었지.

관리로 출세하려면 유학을 공부해야 하지만 유학 공부는 시간과 노력을 많이 들여야 할 수 있어.

과거에 합격하려면 기본적으로 한자를 외워야 하는데, 100자씩 날마다 외워도 꼬박 12년이 걸릴 만큼 공부 양이 많았대.

과거에 합격하고 싶지만 공부가 너무 어려워서 전문적으로 과거 공부를 시켜 주는 교육 기관이 생겨났지.

국자감은 당시 나라에서 운영하던 교육 기관이야. 국자감은 유학을 발전시키려고 노력했던 성종이 세운 국립 대학이지. 여기서는 과거 준비를 위해 꼭 필요한 과목인 4서 5경을 주로 가르쳤어. 박사들이 교수로 있어서 교육의 질이 아주 높았지.

학생 수는 100명이었는데 이들에게는 과거 보기 전에 실시되는 예비 시험을 면제해 주었어. 성적이 우수한 학생은 본시험의 1차

『아집도대련』 고려 시대의 귀족 자제들이 공부하는 모습을 그려 놓았어.

시험도 면제해 주었어. 국자감에서는 잡과 시험을 보려는 사람을 위해 기술 학부도 운영했지. 국자감에 정해진 수업 기간은 없었지만 문과 응시생은 9년 안에, 잡과 응시생은 6년 안에 과거에 합격하지 못하면 퇴학시켰어.

국자감에 다녀도 과거에 합격한다는 보장은 없으니까 일부 귀족 아들은 높은 점수를 받고 과거에 합격한 사람들 밑에 들어가 공부를 배우기 시작했어. 오늘날로 치면 과외나 학원 공부를 하게 된 거지. 가장 먼저 개인적으로 과거 공부를 가르친 사람은 최충이었어. 그런데 최충의 제자가 과거에 많이 합격하자 최충처럼 실력 좋기로 소문난 선생님 아래 제자들이 모이기 시작했어. 그 무리가 12개나 되었기에 이를 묶어 '사학 12도'라고 불렀지.

이 사학 12도의 학생이 과거에 많이 합격하자 국자감의 명성은 떨어졌지. 학생도 줄어들었어. 그러자 고려 왕실은 국자감을 다시 일으켜 세우려고 과거에 대비한 전문 강좌를 만들고 학생에게 장학금도 주었지. 그 뒤 충렬왕 때 국립 대학 이름을 성균관으로 바꾸었고 이 이름이 그대로 조선까지 이어졌어.

공부하는 학자들은 주로 유학을 공부했지만 생활과 풍습은 불교의 영향을 많이 받았어. 이런 유교와 불교의 조화는 고려 말기 안향이 성리학을 들여오면서 변하기 시작했어. 성리학을 받아들인 학자들은 불교의 잘못된 점을 지적하면서 고려 정치도 비판하게 돼. 이들은 결국 조선을 세우게 되는데 그 결과 조선은 학문과 생활, 모든 분야에서 유교, 특히 성리학의 영향을 받게 되었지.

고려 문화의 백미, 역사책과 청자 _ 고려의 문화유산

'고려' 하면 떠오르는 문화재는 뭐니 뭐니 해도 청자겠지?
물론 청자도 유명하지만 역사책 하면 떠오르는
『삼국유사』와 『삼국사기』도 고려가 남긴 중요한 문화유산이야.

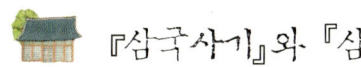 『삼국사기』와 『삼국유사』

고려가 우리에게 남긴 문화유산은 굉장히 많아. 그중에서도 역사책을 빼놓을 수 없지. 우리나라에서 역사책을 쓰기 시작한 건 굉장히 오래전이야.

삼국 시대 때 고구려와 신라가 역사책을 만들었다는 기록이 있고, 통일 신라 시대와 고려 초기에도 여러 역사책이 만들어졌다고 해. 하지만 현재까지 전해지지 않아서 매우 안타깝지.

지금까지 전해지는 우리나라의 가장 오래된 역사책은 『삼국사기』야. 『삼국사기』는 고려 중기인 1145년 김부식이 학자 11명과 함께 쓴 역사책이야. 고구려·백제·신라의 삼국뿐만 아니라 통일 신라의 역사까지 무려 50권으로 정리해 놓은 대단한 양의 역사책이지. 김부식이 『삼국사기』를 쓰게 된 이유는 중국 책 이곳 저곳에 조금씩 기록되어 있던 우리 역사를 모두 모아 정리할 필요를 느꼈기 때문이야. 현재 우리가 알고 있는 고려 시대 이전의 역사는 주로 『삼국사기』의 내용이라고 하니 이 책이 얼마나 의미 있는지 알겠지?

『삼국사기』는 왕실과 귀족의 역사뿐만 아니라 당시의 제도나 지리까지 기록해서 삼국의 모습을 매우 자세히 알 수 있어. 그러나 모든 역사가 신라 중심이라는 한계가 있어.

김부식은 우리나라의 출발을 신라로 여겼기 때문에 신라에 대해서는 자세히 기록했지만 고구려나 백제에 대한 기록을 소홀히 했어. 이런 부분을 지적하여 나온 책이 이규보의 『동명왕편』이야. 1193년 이규보가 쓴 『동명왕편』은 고구려를 세운 주몽의 출생과 시련, 여러 싸움에서의 승리 등을 시 형식으로 적은 책이지. 따라서 고구려 건국 과정은 『삼국사기』보다는 『동명왕편』을 보면 더 자

📷 **삼국유사** 1285년 승려 일연이 역사를 기록한 책이야.

(말풍선) 고조선부터 삼국 시대의 역사를 기록한 책이야.

세하고 정확하게 알 수 있어.

    삼국의 역사를 기록한 역사책으로 『삼국유사』도 있어. 『삼국유사』는 고려 후기인 1285년 승려 일연이 기록한 책이야. 다양한 책뿐만 아니라, 비석·설화·전설 등을 모아 만든 것이 특징이야. 『삼국사기』는 신라 위주로 역사를 정리해 신라와 관련 없는 자료는 빼거나 신라에 불리한 내용은 바꿔서 적어 놓은 경우도 있었어. 그런데 『삼국유사』는 모든 자료를 있는 그대로 책에 실었단다. 신라 이전의 역사나 신라와 상관없는 역사까지도 알 수 있다는 장점이 있지. 우리가 알고 있는 단군 신화도 바로 『삼국유사』에 기록된 이야기야. 그에 비해 『삼국사기』에는 단군 이야기도 고조선이나 부여 이야기도 전혀 기록되어 있지 않아.

고려 시대에는 여러 역사책이 나왔고 그중에는 지금까지 전해지는 것이 많지. 고려 후기에 나온 『제왕운기』도 우리 역사를 알 수 있는 역사책이야.

고려는 여러 민족의 침략을 받았어. 그래서 더욱 우리 민족만의 정체성을 찾고자 역사책 편찬을 위해 노력했고 그 노력이 현재 우리에게 옛 역사를 알려 주게 된 거지. 고려 시대가 우리에게 귀한 유산을 남긴 셈이야.

승려 일연이 『삼국유사』를 저술하던 운문사의 모습이야.

제왕운기

이보다 더 아름다울 순 없다

고려 시대를 대표하는 유물은 역시 고려청자겠지?

조선 시대의 백자와 더불어 청자는 우리나라의 뛰어난 '자기' 기술과 우수한 문화를 보여 주는 좋은 예라고 할 수 있어.

우리는 아주 오래전부터 흙을 구워 만든 토기를 사용해 왔어. 하지만 토기와 자기는 다른 거야. 토기는 흙으로 그릇 모양을 만든 뒤 구워 내어 단단하게 만든 것이고, 자기는 토기 위에 유약을 발라 표면을 매끄럽게 하고 색깔을 입힌 것이지. 자기 만드는 기술은 중국에서 통일 신라 때 전해졌는데 발달하게 된 건 고려 시대부터야.

그 이유는 바로 고려 시대 때 불교가 발달했기 때문이지. 승려는 참선, 즉 명상과 깨달음을 중요하게 여겼어. 하루 종일 참선을 해야 하는 승려는 졸음을 쫓고 맑은 정신을 갖기 위해 차를 즐겨 마셨어. 그때 차 그릇으로 청자를 사용했지.

청자를 만들려면 철분이 섞인 유약을 발라 1,200도가 넘는 온도에서 구워 내야 해. 유약을 만드는 일이나 불의 온도를 조절하는 게 쉬운 일이 아니었지. 불의 온도가 안 맞으면 황색이나 갈색 그릇이 만들어지기도 하고, 같은 그릇이라도 부위 별로 색깔이 달라졌어. 이런 어려움 때문에 고려 초기에는 중국 청자를 주로 사용했어. 하지만 고려에서는 점차 청자 만드는 기술이 발달했고 마침내 비취색 청자를 만들어 내게 된 거야. 그래서 나중에는 거꾸로 중국에서 고려청자를 수입해 갈 정도였지.

청자의 푸른빛은 청자를 만드는 흙과 표면에 바르는 유약 속에 들어 있는 철분 성분 때문이야. 철분이 1퍼센트면 연두색, 3퍼센트면 비색, 5퍼센트면 어두운 초록색, 9퍼센트 정도면 흑갈색이 되는 거지. 철분의 농도를 조절하고 도자기를 굽는 가마의 온도를 1,250도에서 1,300도 사이를 유지해야만 아름다운 빛깔의 청자를 만들 수 있어. 과학적인 도구나 온도계도 없던 시절에 청자를 만들어 낸 도공의 실력이 정말 놀랍지 않니?

1982년, 과학적으로 분석해서 만들어 낸 오늘날의 유약과 청자 생산지로 유명한 전라남도 강진 지역 도공들이 사용하는 유약 중 어느 것이 더 고려청자의 색을 잘 표현할 수 있을까 실험해 보았대. 결과는 도공이 만든 유약이 훨씬 더 아름다웠어. 아무리 과학적으로 성분과 제조 과정을 완벽하게 분석해도 고려청자의 아

📷 상감청자 만드는 순서

1. 무늬 파기
2. 흰 흙 바르기
3. 흰 흙 긁어내기
4. 붉은 흙 바르고 긁기
5. 유약 바르고 구워 상감청자 완성

름다운 빛깔을 만들 수 없다는 거야. 그런데 안타까운 것은 오늘날 도공이 만든 유약으로도 옛 고려청자의 빛깔을 똑같이 만들 수 없다는 거야. 그러니 고려 도공의 솜씨가 얼마나 대단했는지 알겠지?

그렇다면 이렇게 만들기 어려운 청자를 귀족만 사용했을까? 물론 비취색의 아름다운 청자를 일반 백성이 사용하기 어려웠을 거야. 하지만 일반 백성도 비싸지 않은 청자는 쉽게 사용할 정도로 고려 시대에는 청자가 크게 유행했다고 해.

청자를 많이 만들다 보니 고려의 청자 만드는 기술은 점점 더 발전했어. 그러다가 탄생하게 된 것이 상감청자야. 청자를 만드는 기법에는 크게 네 가지가 있어. 음각, 양각, 투각, 상감 기법이지. 음각은 도자기 표면의 무늬를 파내는 방식이고, 양각은 그 반대로 무늬가 밖으로 튀어나오게 만드는 기법이야. 그러니까 양각으로 만들려면 무늬를 남기고 바탕을 파야 하지. 투각은 앞면에서 뒷면까지 완전히 파는 방식이고, 상감은 그릇 뒷면에 무늬를 파고 그 속에 여러 재료를 넣은 기법을 말해.

상감 기법은 기술이 매우 정밀하고 어려워서 고려 중기 이후에나 나오지. 상감 기법이 발전하면서 고려청자는 중국의 청자와는 완전히 다른 것으로 완성되었어. 중국에서는 청자를 처음 만들었지만 고려는 고려만의 독특한 청자 기법을 발전시켜 중국의 사신도 감탄할 만큼 세계적인 수준에 올라섰지.

오늘날의 기술로도 따라갈 수 없을 만큼 고급스러운 빛깔과 아름다운 무늬의 청자는 우리나라의 위대한 문화유산이지. 지금까지도 풀리지 않는 고려청자 비법을 찾아 아름다운 우리의 청자를 전 세계에 알리는 것이 필요할 때야.

고려 초기 경상남도 안동 지방에서는 동채싸움이 유행했어. '동

청자 상감 운학문 매병이야. 국보 제68호, 간송미술관 소장이야.

고려 알고 떠나자!

흥을 아는 고려 사람들 _ 고려의 놀이 문화

시대에 따라 사람들이 즐기는 놀이는 많이 달라. 요즘은
컴퓨터 게임을 많이 하지만, 20~30년 전만 해도 골목에서 작은 공이나
구슬을 이용해 뛰어 노는 게 가장 재미있는 놀이였어.
그렇다면 고려 시대 사람들은 어떤 놀이를 했을까?

고려 시대의 놀이를 해 보자고!

채'는 바퀴를 뜻하는 말로 동채싸움을 일명 '차전놀이'라고 부르기도 해.

지금도 지방의 민속 행사나 지역 축제 때 차전놀이를 하는데, 이것이 바로 고려 때부터 시작된 놀이야.

이 놀이는 왕건이 고려를 세울 무렵 후백제 군대와 맞서 싸우면서 생겨났다고 해. 군대를 이끄는 견훤이 안동 지방에 쳐들어오자 안동 사람들은 왕건을 도와 견훤과 싸웠어. 하지만 막강한 군사력을 갖추고 있던 견훤은 쉽게 물러서지 않았지. 이때 사람들은 견훤이 원래는 지렁이였는데 사람으로 둔갑하였다는 비밀을 알게 되었다고 해. 그래서 지렁이가 싫어하는 소금을 낙동강에 풀고 견훤을 강물에 떠밀어 죽게 했다는 전설이 있어.

물론 이건 전해 내려오는 이야기일 뿐이야. 견훤이 진짜 지렁이는 아니었겠지만 안동 사람들이 왕건을 도와 견훤을 물리친 것은 사실이야. 이때부터 안동 사람들은 이 일을 기념하기 위해 여럿이 팔짱을 끼고 서로 상대편의 어깨를 밀어 내어 승부를 가르는 놀이를 하게 되었어. 이 놀이가 발전을 해서 차전놀이가 되었지.

차전놀이는 마을 전체의 중요한 행사였어. 그래서 가을에 추수가 끝나고 나면 마을에서 유명한 목수들이 정성껏 나무를 골라 기구를 만들었어. 수백 명이 서로 돌진하고 부딪히는 놀이라서 다치는 사람이 나오기도 했지. 차전놀이는 농민들이 한 해 농사를 마무리 짓고 서로의 결속을 다지는 행사여서 농민들에게 큰 호응을 얻었다고 해.

한편, 젊은이 사이에서는 '격구'가 크게 유행했어. 격구는 서양의 폴로 경기가 중국을 거쳐 우리나라에 전해지면서 생긴 놀이야. 경기 방법은 바닥의 공을 막대기로 쳐서 상대편 문 안에 넣는 거야. 격구에는 크게 두 종류가 있어. 하나는 넓은 마당 여기저기에 구멍을 파 놓고 걸어 다니면서 막대기로 공을 쳐서 구멍에 넣는 보행 격구야. 또 하나는 말을 타고 다니면서 골대 안에 공을 쳐서

넣는 기마 격구지. 특히 격렬하고 힘찬 기마 격구는 젊은이 사이에서 큰 인기를 끌었지. 기마 격구는 젊은 군인이나 귀족의 아들들이 무예를 익히는 방법으로 하기도 했대. 그에 비해 보행 격구는 여자도 많이 즐겼다고 해.

고려 시대에 생겨난 또 하나의 놀이로 '놋다리밟기'가 있어. 놋다리밟기도 안동 지방에서 생겨난 놀이인데, 고려 후기 왕이었던 공민왕과 관련이 있어. 공민왕 때 머리에 붉은 수건을 두른 홍건적이 자주 침략하여 백성은 많은 어려움을 겪었어. 특히 홍건적은 아무 마을이나 침략해서 물건을 훔치고 사람까지 죽였어. 한번은 홍건적이 고려의 수도인 개경까지 쳐들어온 거야. 공민왕은 안동까지 피난을 가게 되었고 도중에 '소야천'이라는 작은 하천을 건너게 되었대. 왕이 왔다는 소식에 마중을 나왔던 안동 사람들은 왕과 그 일행이 편안히 소야천을 건널 수 있도록 허리를 굽혀 다리를 만들어 주었다는구나. 물론 공민왕과 일행은 안전하게 하천을

놋다리밟기로 놀아 보세.

건널 수 있었어. 더구나 그때는 겨울이었는데, 안동 사람들 덕분에 왕과 왕비가 차가운 물속에 발을 담그지 않고 하천을 건널 수 있게 된 거였지. 이런 안동 사람들의 마음을 기리기 위해 만들어진 놀이가 바로 놋다리밟기야.

놋다리밟기는 정월(음력 1월) 작은 보름(14일)에 여자들이 주로 하는데, 안동에서 시작됐지만 지금은 전국으로 퍼져 나간 민속놀

이란다. 대보름(음력 1월 15일)이나 작은 보름날 밤에 명절 옷을 차려 입은 부녀자들이 한 줄로 허리를 굽히고 앞사람의 허리를 두 팔로 껴안아 긴 다리를 만드는데 이것을 '놋다리'라고 해. 그 위에 여자아이를 올려 걸어가게 하고 노래를 부르면서 밤새도록 즐기는 놀이지.

고려 시대, 안동에서 시작된 놀이가 또 있어. 하회탈을 쓰고 하는 탈놀이야. 지금도 안동 하면 '하회 마을'이라고 할 정도로 하회탈은 안동을 대표해. 안동 하회리라는 곳에서 처음 탈을 만들기 시작해 '하회탈'이란 이름이 붙었어. 하지만 정확히 누가 만들었는지는 알 수 없어. 그저 허 도령이라는 사람이 만든 것이라고 전해지지.

하회탈은 오리나무를 깎아 탈을 만든 뒤 옻칠을 두 겹 세 겹 칠해서 만드는데, 다양한 표정과 정교한 색으로 유명해. 또한 탈의 모양으로 선비, 승려, 백정 등 여러 신분을 표현하기도 하고 각시, 할미 등 친근한 마을 사람의 모습도 담고 있는 게 특징이야.

옛날에는 신분제가 엄격해서 신분이 낮은 사람은 신분이 높은 사람에게 함부로 말을 할 수 없었지. 탈은 이런 백성의 괴로운 마음을 표현하기 위해 만들어진 거야. 노비의 탈을 쓴 사람이 관리 역할을 하는 사람에게 못했던 얘기를 퍼붓는단다. 그러면 보는

사람은 마치 실제 자신이 그 관리에게 하는 것처럼 시원함을 느끼지. 탈을 쓰고 하는 연극이나 춤이 일반 백성에게 사랑받았던 게 이 때문이야.

하회탈은 수많은 탈 중에서도 우리나라를 대표하는 탈이야. 이런 탈놀이 문화가 고려 시대에 탄생했다는 건 고려 시대 일반 백성의 수준이 상당히 높았다는 뜻이지. 많은 사람이 고려를 귀족 사회라고 하고, 고려를 대표하는 청자나 인쇄술 모두 귀족을 중심으로 발전한 것이라고 말해. 그렇지만 고려 시대는 탈놀이 같은 서민 문화도 많이 탄생한 시기란다.

지금까지 전해 내려오는 민속놀이 중에는 고려 시대부터 시작된 역사 깊은 놀이가 많지. 오늘날에는 놀이 방식이 많이 달라지기도 했지만 놀이의 본래 의미와 유래를 알고 나면 훨씬 더 흥미진진하게 다가올 거야.

고려인이 전해 준 다양한 풍습 _ 고려의 생활 양식

맛있는 설렁탕과 만두는 언제부터 먹었을까?
전통 혼례식을 치를 때 왜 신부 볼에 연지 곤지를 찍을까?
이건 모두 고려 시대의 풍습이 아직까지 우리에게 전해지고 있기 때문이야.
고려 시대부터 지금까지 이어져 오는 풍습은 어떤 것이 있을까 알아보자.

구석구석 남아 있는 몽골의 흔적

　우리나라 사람이 예전부터 흰옷을 즐겨 입었다는 건 알고 있지? 이건 고려 시대에도 마찬가지였어. 흰옷에 흰 머릿수건은 가장 흔한 평상복이었지. 신분이 높고 낮음에 따라, 부자인지 아닌지에 따라 입는 옷감의 종류는 달랐지만 흰옷을 즐겨 입었던 건 일반 백성이나 귀족이나 마찬가지였어. 그래서 우리 민족을 '백의민족'

이라고 부르기도 하지.

　이런 고려인의 생활에 큰 변화를 준 사건이 있었으니 바로 몽골의 침략이야. 몽골은 정치에서부터 일상생활에 이르기까지 자신들의 풍습을 강요했고 이때 전해진 몽골의 풍습 가운데는 아직까지도 남아 있는 것이 있단다.

　몽골의 침략으로 가장 먼저 머리 모양과 옷차림에 변화가 생겼

어. 몽골은 우리나라 사람도 몽골인과 같은 머리 모양과 옷차림을 하길 원했거든. 그래서 고려 사람은 호복을 입고 변발을 하게 됐지. 몽골의 전통 의상인 호복도 어색했지만, 변발은 특히 우리에게는 너무나 낯선 것이었어. '변발'이란 가운데 머리카락만 남기고 주변은 전부 삭발한 뒤 가운데 머리카락를 길게 땋아 늘어뜨리는 머리 모양이야. 고려에서는 왕도 이런 머리 모양을 했지. 왕이 변발을 했으니 그 밑에 있는 관리나 백성까지 변발을 할 수밖에 없었어.

고려의 식생활도 크게 변했어. 몽골에서 들어온 음식 가운데 소주, 설렁탕, 만두는 색다른 맛 때문에 인기를 끌었어. 소주는 원래 몽골인이 아라비아 지역에서 수입한 것인데, 몽골이 고려에 침략할 당시 안동 지방을 중심으로 전해졌다고 해. 당시에는 소주를 '아라기 주'라고 불렀는데, '아라비아 술'이라는 뜻이야.

설렁탕은 불교의 영향으로 채식을 주로 하던 고려 사람에겐 별미였지. 고려는 불교를 믿어 산 생명을 죽이는 것을 금지했어. 그래서 왕이나 귀족 외에는 고기를 먹지 않았고 백성은 주로 산나물을 먹었어. 설렁탕은 소머리와 내장 등을 푹 고아 끓인 국물에 살코기 몇 점을 띄워 먹는 음식으로 일반 백성 사이에 퍼지면서 고려 음식으로 자리를 잡아 갔지. 귀족은 제대로 손질되지 않은 내

장이 들어간다고 하여 잘 먹지 않았지만 백성에게는 인기가 많았어. 설렁탕은 지금도 우리가 즐겨 먹는 음식 중 하나야.

만두는 특히 개경 이북 지방에서 유행했어. 그때 만두는 밀가루에 술을 넣어 반죽해서 부풀린 다음 오이, 박, 버섯을 넣거나 팥을 넣어 쪄 먹었는데 재료가 귀하다 보니 주로 귀족이 먹었지.

전통 혼례 때 신부의 모습도 몽골로 인해 바뀌었어. 신부의 볼에 찍는 연지·곤지와 머리에 쓰는 족두리는 원래 몽골 풍습이었어. 그것이 고려에 전해졌고 조선까지 이어졌지. 이처럼 몽골의 침략은 고려 사람의 일상생활을 변화시켰고 지금까지 이어져 내려오는 것도 많아.

한편, 고려 시대 때 목화씨가 들어와 의생활에 커다란 변화가 있었단다. 목화는 면을 만드는 재료로 활용도가 매우 높아. 그래서 중국에서는 목화씨를 절대 다른 나라로 가져갈 수 없게 했어. 이때 고려의 사신이었던 문익점은 중국에 갔다가 붓두껍 속에 목화씨를 몰래 가져왔단다.

목화씨를 가져왔으나 목화로 면 옷을 만드는 일은 쉽지 않았지. 고생 끝에 3년 만에 목화를 재배할 수 있게 되었지만 옷감을 만들지는 못했어. 이때 문익점 집에 머물던 몽골 승려가 목화로 옷감 만드는 방법을 가르쳐 주었다고 해. 이때부터 우리나라에서도 면

옷을 입을 수 있게 되었지. 그전까지 백성은 삼베옷을 입었는데 삼베는 거칠고 뻣뻣해서 옷으로 불편했지만 면은 얇고 부드러웠어. 게다가 추운 겨울에는 옷감과 옷감 사이에 목화솜을 넣어 누벼 입을 수 있었기에 따뜻했지. 고려 시대 때 목화의 전래는 일반 백성에게는 커다란 축복이었어.

고려 시대 사람의 생활 모습을 엿볼 수 있는 자료로 '고려 가요'라는 것이 있어. 고려 가요는 고려 사람이 즐겨 부르던 노래인데

면 옷을 만들 수 있는 목화를 재배하는 모습이야.

그 내용 중에는 특이한 것이 많아.

'가시리'나 '청산별곡'처럼 일상생활의 느낌을 노래한 것도 있고, '쌍화점'이나 '만전춘'처럼 자유로운 연애와 향락을 노래한 것도 있지. 그렇기 때문에 조선 시대의 학자들은 고려 가요를 '남녀상열지사'라고 하여 일부러 없애 버렸어. 그래서 오늘날까지 전해지는 고려 가요는 많지 않아. 이런 노래가 유행했던 것은 고려 말기 정치와 사회가 혼란해지면서 일반 백성의 생활도 어려워졌기 때문일 거야.

또 고려 사람들이 자신의 감정을 자연스럽고 솔직하게 잘 표현했기 때문일 수도 있지.

✸ 본격적인 고려 여행 출발!

두루두루 방방곡곡, 고려 여행하기

고려 여행은 뭐니 뭐니 해도 사찰에서부터 시작하는 게 좋아.
고려가 불교 국가이니 불교 관련 유적지를 둘러보는 것이
문화를 이해하기 가장 쉬운 길이거든.
또 고려청자와 팔만대장경도 빼놓을 수 없어.
자, 이제 전국에 있는 고려의 문화유산을 찾아 두루두루 다녀 보자고!

전국 꿋꿋 떠나 보자 _ 불교 유적 사찰 여행

고려는 우리나라 역사에서 불교가 가장 번성했던 나라였어.
불교는 부처의 가르침을 믿는 종교지. 고려 시대에는 왕을
비롯하여 귀족이나 평민 등 거의 대부분의 사람이 불교를 믿었어.
그러니까 불교는 고려 역사의 문을 여는 열쇠라고 할 수 있지.

수덕사

수덕사는 충청남도 예산군 덕숭산에 있는 절이야. 백제 위덕왕 (554~597) 때, 수덕이란 도령이 덕숭 낭자를 보고 한눈에 반했어. 수덕사는 덕숭 낭자의 요청에 따라 수덕 도령이 짓기 시작했다는구나. 현재 우리나라에 남아 있는 절 가운데 백제 시대에 만들어진 하나밖에 없는 절이란다. 아쉽게도 백제 시대에 처음 지어

진 건물은 오랜 시간이 지나는 동안 불타 없어지거나 허물어졌고, 현재 건물은 모두 다시 지은 거야.

대웅전은 절에서 부처님을 모시는 가장 중요한 건물이야. 수덕사에서 우리가 가장 꼼꼼히 살펴볼 곳도 역시 대웅전이야. 수덕사 대웅전은 우리나라에 남아 있는 나무로 지은 건물 가운데 세 번째로 오래된 건물이란다. 충렬왕 때인 1308년에 건물을 지었으니 700년도 넘었어. 봉정사 극락전, 부석사 무량수전과 함께 지금까지 남아 있는 고려 시대의 대표적인 건축물이야.

📷 **수덕사 대웅전** 국보 제49호로 건물 옆면의 장식 요소가 매우 아름다운 건물이야.

　수덕사 대웅전은 고려의 건축 양식을 잘 보여 준단다. 대웅전의 기둥은 가운데가 배처럼 불룩하게 나왔는데, 이것을 '배흘림 기둥'이라고 해. 대웅전 건물 안에는 고구려의 담징이 그렸다는 벽화가 있었다고 전해진단다.

　서양은 옛날부터 돌로 건물을 지어서 오래된 건물도 잘 보존되어 있어. 하지만 아시아에서는 나무로 건물을 많이 지어서 예전 건물이 그대로 남아 있는 경우가 거의 없지. 우리나라도 그렇단다. 특히 우리나라는 전쟁을 많이 겪으면서 건축물이 불타 없어지

곤 했어. 다행히 수덕사 대웅전은 깊은 산속에 있어서 오늘날까지 남아 있을 수 있었지. 700년이나 된 오래된 옛 건물이 잘 보존되어 있으니 수덕사 대웅전은 우리나라의 자랑거리라고 할 수 있어.

갑사

충청남도 공주시 계룡산에 있는 갑사는 아름다운 사찰로 이름이 난 곳이란다. 갑사는 백제 시대 고구려에서 온 승려 아도 화상이 420년에 지었다는 설이 있어. 679년 신라의 승려 의상이 건물을 다시 고치고 이곳에서 불교를 전파하면서 유명해졌으나, 정유재란(임진왜란 중 1597년에 일어난 두 번째 전쟁) 중에 모두 불타고 말았지. 지금 건물은 1604년에 다시 지었다고 해.

갑사 가는 길은 아름드리나무가 양옆으로 길게 뻗어 있어 무척 아름답지. 이곳 갑사에는 우리가 눈여겨봐야 할 고려 시대의 문화유산인 부도가 있어. 갑사 부도는 원래 갑사 뒤편 계룡산 중턱에 쓰러져 있었는데 1917년 갑사로 옮겨 와 세워 놓았단다.

그런데 '부도'가 뭐냐고? 부도는 스님의 무덤을 뜻해. 절에 가면 탑이 있는 건 알지? 탑의 원래 이름은 불탑으로 석가탑이나 다보탑도 불탑이야. 즉 부처님의 무덤이라는 거지.

옛날 인도에서 불교가 처음 생겨났을 때는 절에 불상을 만들지 않았대. 신의 경지에 오른 부처님을 감히 사람의 모습으로 만들 수 없다고 생각했거든. 그러다 보니 절에 부처님을 상징할 만한 뭔가가 필요했어. 그래서 부처님을 화장한 뒤 그 몸에서 나온 사리를 부처님이라 여기고 절에 보관하고자 했지.

사리는 비록 작지만 부처님의 몸이나 마찬가지여서 안전하고 멋진 보관 장소가 필요했어. 그래서 만든 게 탑이란다. 물론 모든 탑 속에 사리가 있는 건 아니야. 사리 대신 부처님을 상징할 만한 불경이나 다른 물건이 들어 있는 경우도 많아. 탑 속에 무엇이 들어 있든 탑은 부처님을 상징하는 것이고 절마다 탑이 있는 이유도 바로 이 때문이지.

통일 신라 말기에 우리나라에 '선종'이라는 새로운 불교가 들어왔어. 그전까지 우리나라에서 믿었던 불교를 '교종'이라고 해. 그런데 교종을 믿던 왕과 귀족들은 선종을 탄압하고 못 믿게 했지. 하지만 선종 승려들은 어려움을 극복하고 선종을 전파하여 많은 백성이 불교를 믿을 수 있게 했어. 우리나라에서 선종을 처음으로 받아들이고 전파한 사람은 바로 통일 신라의 승려였던 '도의'란다. 40년 동안이나 선종을 전파한 도의가 죽자 그의 제자들은 도의 역시 부처의 경지에 오른 것이나 다름없다고 여겼단다. 그래서 화장하고 나온 도의의 사리를 보관하기 위해 탑을 만들었어. 그런데 이 탑은 부처가 아닌 승려의 사리를 보관한다고 하여 '승탑' 또는 '부도'라고 불렀지. 통일 신라 말기에 전래된 선종은 고려 시대에 널리 전파되고 유행했기에 고려 시대에 부도가 많이 만들어진 거란다.

전체가 팔각형에 3단으로 된 갑사 부도의 조각은 힘차고 웅대하지만 안정감과 균형감은 떨어진다는 평가를 받고 있어. 그렇지만 고려 시대 부도 중에서 가장 우수한 작품으로 손꼽히지.

갑사는 계룡산의 아름다운 자연과 멋진 조화를 이루고 조상들의 문화유산도 간직하고 있어서 두 번이고 세 번이고 또 다시 찾게 되는 멋진 곳이란다.

관촉사

충청남도 논산시 은진면 관촉리 반야산에 있는 관촉사는 고려 시대를 대표하는 절이야. 관촉사는 아주 크지도 않고 널리 이름난 절도 아니지만 실제로 가서 보면 재미있는 게 하나 있어. 바로 '은진미륵'이라고 불리는 '석조 미륵보살 입상'이지.

관촉사 석조 미륵보살 입상은 머리가 너무 커서 보는 순간 웃음이 나올 정도야. 머리에 쓰고 있는 관까지 합치면 머리가 몸 전체의 절반이나 되고, 머리만 해도 몸의 3분의 1을 차지할 정도로 커. '미륵불'이란 미래에 나타나 우리를 구원한다는 부처인데, 모양만 보아서는 아무리 생각해도 웃음이 나지만 그만큼 친근하게 느껴지기도 한단다.

은진미륵은 왜 이렇게 특이한 모습을 하게 된 걸까? 그건 고려 시대 불교의 특징 때문이란다. 통일 신라 시대의 불교에서는 왕이 곧 부처이고 부처가 곧 왕이라고 생각했지. 왕과 부처를 똑같이 여기다 보니 이때 만들어진 불상은 완벽한 외모와 균형 잡힌 틀을 갖추었어. 그렇지만 고려 시대의 불교는 통일 신라 시대와는 많이 달라졌어. 믿는 방법도 쉬워졌고 부처를 어렵고 고귀하게 여기는 대신 사람들 곁에서 지켜주고 보호해 주는 친근한 존재로 여기기 시작했지. 통일 신라 시대 때는 절이나 불상을 왕의 명령을 받아 만들었지만 고려 시대에는 왕이 아닌 지방 귀족과 백성들이 만들 수 있게 되면서 지역마다 개성 있는 불상이 만들어졌어.

　이렇게 고려 시대에 만들어진 불상은 통일 신라 시대의 불상처럼 예술성이 높지 않고 대부분 몸의 균형이 잘 맞지 않아. 하지만 어딘가 부족하고 평범해서 오히려 정감이 있지. 고려 사람들은 그 전과는 다르게 불교를 바라보기 시작한 거야.

은진미륵은 우리나라에서 가장 큰 불상으로 높이가 18.2미터나 되지. 처음 이 불상을 보면 뭐 이렇게 못생긴 불상이 있나 생각할 수도 있어. 하지만 이 불상이 힘 없고 가난한 백성

📷 **관촉사 석조 미륵보살 입상** 보물 제218호로 우리나라에서 가장 큰 불상이야. 못생긴 외모와 커다란 머리가 특징이란다.

옆집 아저씨 같은데…….

에게 푸근함과 마음의 안정을 주었단다.

은진미륵 바로 앞에는 보물 제232호로 지정된 관촉사 석등이 있는데 이것 역시 고려 시대에 만들어진 거야. 불교에서는 석등이 부처님의 광명을 상징한다고 믿어서 등불 밝히는 것을 아주 중요하게 여겼어. 그래서 모든 절에 석등을 두었단다. 관촉사 석등은 우리나라 석등 중 두 번째로 크지. 관촉사의 미륵보살과 석등은 고려 시대 초기인 광종 때 만들어졌는데, 고려 불교 문화의 특징을 잘 보여 주는 문화재야.

연곡사

전라남도 구례군 토지면에 있는 연곡사는 지리산 자락 피아골 입구에 자리 잡고 있어. 아주 조용하고 단아한 모습이 돋보이는 절이지. 연곡사는 544년 신라 시대에 만들어진 굉장히 오래된 절이지만 유명해진 건 고려 시대란다. 연곡사는 고려 사람들에게 불교를 전파하는 중심 역할을 하면서 전국에서도 이름난 사찰로 발전했지.

하지만 연곡사는 두 번이나 불에 탔단다. 한 번은 조선 시대 임진왜란 중에 났고, 다시 지은 건물은 1910년 의병들이 일본군과 맞서 싸우다가 불타 버렸지. 그 뒤로 여러 차례 절을 다시 지으려고 노력했는데, 1981년에서야 비로소 제 모습을 갖추게 되었단다.

여러 차례 불타고 다시 지어져 연곡사의 건물은 문화재로서의 가치는 별로 없어. 하지만 연곡사에 가면 꼭 봐야 하는 보물이 있어. 바로 연곡사를 둘러싸고 있는 동부도, 서부도, 북부도란다. 그중에서도 북부도는 고려 시대의 것으로 국보로 지정될 만큼 예술성이 뛰어나지. 연곡사 북부도는 부도 표면에 불경에 나오는 상상의 새와 구름무늬가 조각되어 있어 아름다움이 돋보이지.

하지만 아름다운 북부도가 어느 승려의 사리를 모신 것인지는 정확히 알 수 없단다. 북부도는 연곡사 대웅전 북쪽에 있어서 붙여진 이름이야. 북부도 오른쪽 아래에는 동부도, 왼쪽 아래에는 서부도가 있지. 통일 신라 말기의 작품으로 짐작되는 동부도는 형태가 완벽하고 조각 장식이 섬세해서 '부도 중의 꽃'이라는 찬사를 듣는단다. 고려 시대의 유물은 아니지만 연곡사에 가면 놓치지 말고 꼭 보도록 하자. 또 조선 시대에 만들어진 서부도까지, 연곡사에 가면 부도 3종 세트를 모두 볼 수 있단다.

현대에 지어진 세련된 절과 오랜 역사를 담고 있는 세 개의 부도, 그리고 지리산과 피아골에서 느낄 수 있는 자연의 아름다움까지, 연곡사는 독특한 매력을 지니고 있는 멋진 절이지.

연곡사 동부도

운주사

　전라남도 화순군 도암면에 있는 운주사에 가면 많은 불상과 탑을 볼 수 있어. 그래서 운주사는 '천불 천탑'이라는 이름으로 더 알려졌는데, 1000개의 불상과 1000개의 탑이 있다는 뜻이지. 아쉽게도 지금은 그렇게 많은 불상과 탑이 남아 있지는 않아.

　운주사는 신라 말기의 승려인 도선이 세웠다는 전설이 있는데 도선은 우리나라에 처음으로 풍수지리설을 알려 준 사람으로 유명하단다. '풍수지리설'이란 땅의 기운과 위치가 인간에게 복이나

운주사 입구에 있는 돌부처로 아빠, 엄마, 아기의 모습을 하고 있어.

화를 가져다준다고 믿는 거야. 도선이 풍수지리설에 따라 운주사를 세울 때 땅이 배 모양이어서 돛대와 뱃사람을 상징하는 천불과 천탑을 만들었다고 해. 정말 불상과 탑이 1000개나 있었는지는 정확히 알 수 없지만, 조선 초기의 기록에 있는 것으로 보아 많은 수의 불상과 탑이 있었던 것만은 틀림없는 것 같아.

운주사는 조선 초기까지도 제대로 된 모습을 갖추고 있었으나 정유재란 등 전쟁을 겪으면서 많이 파괴되어 절에 대한 정확한 정보를 알 수 없게 되었단다. 절이 지어진 정확한 시기를 알 수 없어 그 증거를 찾아 내고자 여러 차례 발굴 조사를 했지. 그러나 정확한 연대와 구체적인 증거는 찾지 못했어. 유적 발굴로 현재 석탑 17개와 석불 80여 개가 보존되어 있을 뿐이야. 이 석탑과 불상은 대부분 고려 시대에 만들어진 것이란다.

현재 남아 있는 불상은 10미터가 넘는 큰 것에서부터 수십 센티미터에 불과한 작은 불상까지 다양한 종류가 산과 들에 흩어져 있어. 크기도 얼굴도 저마다 다른 특이한 이 불상들을 할아버지 부처, 할머니 부처, 남편 부처, 아내 부처, 아들 부처, 딸 부처, 아기 부처라고 부르기도 하지. 이렇게 여러 불상이 만들어졌다는 점이 다른 곳에서는 찾아볼 수 없는 운주사만의 특징이란다.

이 불상 가운데 가장 눈에 띄는 것은 우리나라에 하나밖에 없는 거대한 와불이야. '와불'이란 누워 있는 불상을 말하는데 운주사에는 12.7미터와 10.3미터 불상 두 개가 나란히 누워 있단다. 전설에 따르면 도선이 운주사를 세울 때 하룻밤 사이에 천불과 천탑을 다 세우고 마지막으로 이 와불을 일으켜 세우려 했는데 새벽닭이 울어 세우지 못했다고 해. 그리고 "이 천 번째 와불이 일어나는 날 새로운 세상이 온다."는 말이 전해진단다. 아마도 모든 사람이 행복하게 살 수 있는 세상이 오기를 바라는 간절한 마음으로 와불을 만들었나 봐.

우와! 불상과 탑이 정말 많아요.

대부분 각진 형태를 띠고 있는 다른 탑과는 달리 운주사의 석탑은 원형탑, 원판형탑 등 독특한 모양을 하고 있어. 층수도 3층, 5층, 7층, 9층 등 다양한 편이지. 그중에서도 운주사 구층 석탑은 운주사에서 가장 높은 탑으로 옆면에는 아름다운 꽃 모양이 새겨져 있단다. 또한 운주사 원형 다층 석탑은 탑 전체가 모두 원형이야. 이런 탑은 고려 시대에 나타난 특이한 형태란다.
　운주사에 여기 저기 흩어져 있는 석불과 석탑은 얼핏 보면 기술이 전혀 없는 일반 백성이 아무렇게나 만든 것처럼 보이기도 해.

운주사 와불 우리나라에 하나밖에 없는 누워 있는 불상으로, 이 와불이 일어서는 날 모두가 행복해지는 새로운 세상이 온다는 전설이 있어.

하지만 운주사의 탑을 만든 돌은 잘 부서져서 오히려 단단한 돌로 만든 다른 탑보다 더 뛰어난 기술의 석공이 아니면 만들 수 없다고 해. 우수한 기술로 만든 운주사의 수많은 석불과 석탑은 보기에 부담 없고 편안한 형태로 만들어진 거야. 아직 정확한 자료와 근거를 찾지 못해 신비의 절로 불리는 운주사는 백성들에게 쉽게 다가가고자 했던 고려 시대 불교의 특징을 잘 보여 준다고 할 수 있단다. 기술이 뛰어나면서도 보기에 친근한 석불과 석탑이 이토록 많이 보존되어 있는 점이 운주사만의 매력이지.

운주사 원형 다층 석탑 보물 제798호로 바닥부터 꼭대기까지 모두 원형으로 된 이 탑은 고려 시대에 나타난 특이한 형태란다.

해인사

　해인사는 불교나 문화재에 대해 잘 모르는 사람도 한번쯤은 들어 본 적이 있을 거야. 바로 유명한 팔만대장경이 보관되어 있기 때문이지. 해인사는 경상남도 합천군 가야산 기슭에 있는 절이야. 통도사, 송광사와 함께 우리나라의 3대 사찰로 손꼽히는 곳이지. 특히 해인사는 우리나라 불교 문화와 세계 문화유산 측면에서도 없어서는 안 될 아주 소중한 절이야.

　해인사는 통일 신라 시대에 처음 지어졌어. 그런데 왕건이 고려를 세울 때 도와주었던 희랑 법사가 이곳에서 불교를 전파하면서 그 이름을 떨치게 되었어.

　사람들은 '해인사'라고 하면 팔만대장경을 가장 먼저 떠올리지만 처음부터 팔만대장경이 해인사에 있었던 건 아니란다.

　팔만대장경은 고려가 몽골의 침략을 받고 있을 때 만들어졌어. 고려 시대에는 외적이 침략할 때마다 부처님의 힘으로 위기를 극복하고자 대장경을 만들었어. 고려를 침략한 많은 외적 중에서도 고려를 가장 오랫동안 괴롭힌 건 몽골이었지. 그런데 몽골에 맞서 싸울 당시 고려는 강화도에 수도를 두고 있었어. 당연히 팔만대장경도 강화도에서 만들어졌고 강화도 '선원사'라는 절에 보관하고 있었지. 이것을 이성계가 조선을 세운 뒤 해인사로 옮겼고 지금까지 보관되어 있는 거란다.

　해인사는 조선 시대에 여러 차례 화재가 나 대부분의 건물이 없어졌지만 다행히도 팔만대장경을 보관하고 있는 장경판전만은 피해를 입지 않았어. 가장 큰 위기는 1951년 한국 전쟁 중 가야산에 숨어 있는 공산군을 공격하기 위해 해인사를 폭파하라는 명령이 내려졌을 때야. 당시 공군 대장 김영환 중령은 결국 비행기를 돌렸다고 해. 김영환 중령은 명령을 어긴 대가로 처벌을 받았지만 팔만대장경이라는 인류의 값진 문화유산과 해인사를 살려 냈지. 지금 생각하면 정말로 다행스러운 일이야.

　팔만대장경은 세로 24센티미터, 가로 70센티미터, 두께 2.6~4센티미터, 무게 3~4킬로그램의 나무판에 불경을 새겨 놓은 목판이야. 경판은 모두 8만 1,258장이 넘는 어마어마한 양이고 여기에 새긴 글자 수는 5천 3백만 자나 된단다. 그런데 더욱 놀라운 것은 목판 위에 새겨진 글자 모양이 한 사람이 새긴 것처럼 모두 똑같다는 거야.

　팔만대장경을 만들기 위해 여러 사람이 미리 글씨체를 똑같이 연습하며 노력과 정성을 다한 결과이지. 팔만대장경은 남해안 곳곳에서 자라는 산벚나무와 돌배나무 등 10여 종의 나무를 재료로 사용해 만든 것이란다. 나무가 썩는 것을 막기 위해 먼저 나무

를 바닷물에 절인 다음 그늘에서 충분히 말렸어. 그 뒤에 대장경 경판 크기로 자르고 이것을 다시 소금물에 삶았다고 해. 혹시 있을지도 모를 벌레 알 등을 없애기 위한 것이었지. 이런 정성으로 700년이 지난 지금까지도 끄떡없는 거란다. 말린 경판 위에 종이에 쓴 불경을 붙인 후 글자를 남기고 바닥을 파냈어. 종이에 찍어 내면 글자만 까맣게 나오는 양각 기법을 썼지.

그런데 불경은 부처님의 말씀이라 글자 한 자 한 자를 새길 때마다 세 번씩 절을 해야 했기에 틀린 글자가 나올 수 없었단다. 워낙 정교하고 정성스럽게 새기다 보니 지금의 기술로도 하루에 30자 정도밖에 새길 수 없다고 해. 그러니 5천 3백만 자를 새긴 것은 정말 대단한 작업이었지. 8만 장의 경판을 보통 사람이 제대로 읽고 뜻을 알려면 30년은 족히 걸린다고 해. 팔만대장경이 얼마나 대단한 문화유산인지 알겠지?

국보로 지정된 팔만대장경은 1236년에 만들기 시작해 1251년에야 완성되었어. 팔만대장경은 엄청난 규모와 정교한 작업 못지않게 과학적으로도 우수성을 인정받은 위대한 문화유산이란다. 나무는 오래되어 습기를 머금으면 뒤틀리게 마련이야. 이 사실을 알았던 조상들은 팔만대장경이 뒤틀리지 않도록 양 옆에 판을 대고 네 모퉁이를 고정시켜 놓았지. 그 덕분에 오늘날까지도 8만 개가 넘는 대장경이 그 모습을 온전히 유지하고 있는 거야.

　많은 사람이 해인사에 가면 팔만대장경만 눈여겨보는데 그 보다 더 주의 깊게 봐야 하는 게 장경판전이란다. 장경판전은 팔만대장경을 보관하는 곳이야. 남쪽에 지은 수다라전과 북쪽에 지은 법보전, 동사간고와 서사간고 등 4동이 사각형을 이루도록 배치해 놓았지. 장경판전은 오로지 팔만대장경을 보관하기 위해 지은 건물이라서 그냥 창고나 마찬가지란다. 그런데 아름답게 장식해

팔만대장경판 국보 제32호로 유네스코가 정한 세계 문화유산이기도 한 팔만대장경은 목판 위에 새겨진 5천 3백만 개의 글자 모양이 모두 똑같다고 해.

정말 어려운 한자들이네.

놓은 건물이 아닌 이 장경판전을 유네스코는 왜 세계 문화유산으로 지정했고 우리나라에서도 국보로 지정하여 귀하게 여기고 있을까?

팔만대장경은 나무로 만들었기 때문에 보관할 때 가장 중요한 것이 습기를 피하는 거야. 장경판전은 오로지 자연의 힘만으로 팔만대장경에 습기가 들지 않게 오랜 시간 보호해 주고 있어. 바로 가야산의 산바람을 이용한 통풍 구조 때문이지. 해인사는 가야산 중턱에 있는데 산에서 내려오는 바람과 산 위로 올라오는 바람이 만나는 곳이래. 그곳에 위치한 장경판전은 앞뒤로 통풍구가 촘촘히 뚫려 있어. 이 통풍구로 맞바람이 치면서 팔만대장경의 습기를 잡아 주는 거야. 제습기나 환풍기 없이 자연의 힘만으로 몇 백 년 동안 팔만대장경을 지켜주고 있으니 유네스코도 인정할 만하지.

이밖에도 해인사에는 보물로 지정된 여러 문화재가 있단다. 고려 시대 여러 왕의 스승이었던 원경 왕사를 기리는 비석인 반야사 원경 왕사비, 통일 신라 시대에 만들어진 석조 여래 입상과, 원당암 다층 석탑 및 석등이 있지.

이처럼 해인사는 수많은 문화재를 보유한 우리나라의 소중한 유적지이자 세계가 인정한 문화유산이야. 우리의 문화적 자긍심을 한껏 올려 주는 자랑스러운 곳이지.

부석사

경상북도 영주시 봉황산 중턱에 있는 부석사는 신라 문무왕 16년(676)에 의상 대사가 왕의 명령을 받고 지은 절이야.『삼국유사』에 나와 있는 의상 대사와 부석사 이야기를 들어 볼래?

당나라로 유학을 간 의상은 어느 불교 신도의 집에 머물면서 공부를 하고 있었어. 그런데 그 집 주인의 딸인 선묘가 의상을 짝사랑하게 된 거야. 의상도 선묘가 자신을 사랑하는 걸 알고 있었지만 승려라는 신분 때문에 선묘를 모른 척했고, 공부를 마치고 다

의상 대사가 돌을 들어 올려 도적떼를 물리치고 그곳에 부석사를 지었다는 설화를 그림으로 그린 거야.

시 신라로 돌아올 때에도 선묘에게 알리지 않았어. 뒤늦게 의상이 신라로 떠난다는 사실을 안 선묘는 의상의 뒤를 따라 항구로 달려갔지만 이미 의상이 탄 배는 떠난 뒤였지. 슬퍼하던 선묘는 자신이 용이 되어 의상을 지켜주겠다고 하며 바다에 몸을 던졌단다.

신라로 돌아온 의상은 절을 짓기 위해 전국을 돌아다니다가 지금의 부석사 자리에 큰 절을 지으려고 했어. 하지만 그곳에 살고 있던 도적떼가 방해했지. 그때 용으로 변한 선묘가 도적떼 앞에 나타나 큰 바위를 공중에 세 번이나 들어올리는 신기한 일을 보여주었다고 해. 놀란 도적떼들은 도망갔고 의상은 무사히 절을 지을 수 있었지. 이 이야기 때문에 절 이름을 '돌을 들어 올렸다'는 뜻에서 부석사라고 한 거란다.

부석사는 신라 시대에 지어졌지만 고려 시대의 문화재가 여럿 남아 있어. 우리나라의 절 가운데 가장 많은 문화재를 보유하고 있는 부석사의 자랑은 국보로 지정된 무량수전이야.

돌을 세 번이나 들어올렸다니 대단한걸!

부석사의 중심 건물인 무량수전은 신라 문무왕 때 지었던 것을 고려 현종 때 고쳐서 다시 지었어. 하지만 공민왕 7년(1358)에 불에 타 버렸고, 지금 있는 건물은 고려 우왕 2년(1376)에 다시 지은 거야. 현재 우리나라에 남아 있는 고려 시대를 대표하는 건축물은 수덕사 대웅전, 봉정사 극락전, 부석사 무량수전인데 그중에서 가장 예술성이 뛰어난 건축물로 손꼽히는 게 바로 부석사 무량수전이지.

특히 무량수전은 배흘림기둥과 주심포 양식을 잘 보여 주는 건물이지. 배흘림기둥이란 기둥 중간 부분을 약간 배가 나온 것처럼 만든 것인데, 수덕사 대웅전보다 부석사 무량수전의 기둥이 더 아름답다는 평가를 받고 있어.

주심포 양식은 공포가 기둥 위에만 놓여 있는 형태를 말해. 공포는 지붕 처마 끝의 무게를 받치기 위해 기둥머리에 짜 맞춰 놓은 나뭇조각을 말해. 보통은 지붕 무게가 무겁다 보니 공포를 기둥에만 설치하지 않고 기둥 사이 사이에도 설치하는 경우가 많아. 이렇게 짓는 것을 공포가 많다는 뜻에서 다포 양식이라고 해. 공포가 많은 다포 양식은 그만큼 지붕 아랫부분이 화려해 보이는 특징이 있단다. 그에 비해 공포를 기둥 위에만 설치한 주심포 양식은 간단하고 깔끔한 게 특징이야. 그런데 무거운 지붕을 기둥 위의 공포만으로 받치면 지붕이 무너질 위험도 있겠지? 그래서 무량수전은 건물 기둥 이외에 바깥 부분에 따로 기둥을 세우고 그 기

📷 **부석사 무량수전** 국보 제18호로 고려 시대의 건축물 중에서도 가장 예술성이 뛰어난 건물이야.

📷 **부석사 무량수전 앞 석등** 국보 제17호로 통일 신라 시대의 석등이야.

둥이 지붕 처마 끝을 받치고 있어.

이런 주심포 양식을 보이는 건물은 우리나라에 몇 개 되지 않는데 그중에서도 무량수전이 대표적이야. 이처럼 우수한 건축 기술을 자랑하는 무량수전은 옛날 건축 연구에 없어서는 안 되는 중요한 건축물이란다.

무량수전 안쪽에는 황금빛의 불상이 하나 놓여 있어. 바로 국보

📷 주심포 양식 지붕 처마 끝의 무게를 받치기 위해 나뭇조각을 짜 맞춰 놓았어.

📷 부석사 소조 아미타 여래 좌상 국보 제45호로 우리나라 소조 불상 가운데 가장 크고 오래된 작품이란다.

로 지정된 부석사 소조 아미타 여래 좌상이야. '소조'라는 글자가 들어간 불상은 나무로 골격을 만들고 진흙을 붙여 가면서 만들었다는 뜻이야. 이 불상은 우리나라 소조 불상 가운데 가장 크고 오래된 작품이기에 큰 가치가 있어. 높이가 2미터 78센티미터에 몸의 균형이 잘 맞고 예술성이 뛰어나 고려의 불상 가운데 가장 훌륭하다는 평가를 받고 있지. 근엄한 표정과 엄숙한 분위기가 나는 이 불상은 사람을 숙연하게 만드는 묘한 매력을 지니고 있어. 부석사를 찾는 사람이라면 누구나 불상 앞에서 걸음을 멈추고 한참을 바라보게 된단다.

무량수전 앞에는 통일 신라 시대에 만들어진 석등이 하나 있는데 이것도 국보로 지정되어 있어. 이 석등은 통일 신라 시대 석등의 본보기이면서 표면에 새겨진 연꽃무늬와 보살이 아름답기로 유명하단다. 무량수전에 국보 세 가지가 있다니 가 보고 싶다는 생각이 들지? 하지만 여기서 끝이 아니야. 부석사에서 봐야 할 문화유산은 아직도 많이 남아 있어.

무량수전에서 오른쪽 산길을 따라 올라가면 조사당이라는 작은 건물이 나와. 조사당은 절을 지은 의상 대사를 모셔 둔 작은 사당이야. 이 건물도 건축 기법이 우수하고 건물이 아름다워 국보로 지정되어 있어.

조사당 안쪽에는 사천왕 등 불교 벽화가 그려져 있는데 이것도 국보로 지정된 소중한 문화재야. 현재 우리나라에 남아 있는 불교 벽화 가운데 가장 오래된 작품이란다. 그래서 회화 역사로 볼 때도 중요한 작품이라고 평가를 받고 있단다. 지금은 벽화의 손상을 막기 위해 벽면 전체를 그대로 떼어 유리 상자에 담아 따로 보관하고 있지.

이처럼 부석사에는 국보가 무려 다섯 가지나 있어. 하지만 국보 외에 다른 문화재도 많이 있지. 그리고 문화재는 아니지만 옛날 용으로 변한 선묘가 들어 올렸다는 돌도 볼 수 있어.

부석사에 가려면 먼저 절 입구에 있는 천왕문에서 안양문까지 108개의 계단을 올라가야 해. 가파른 108개의 계단을 오르려면 무척 힘들어. 하지만 계단을 다 오르면 고려 시대의 아름다운 문화재로 피로를 말끔히 잊을 거야.

부석사 조사당 국보 제19호로 의상 대사의 초상을 모신 곳으로 옆에서 보면 사람 인(人) 자 모양의 모양의 맞배지붕으로 되어 있어.

사람 인(人)을 찾아볼까?

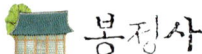 **봉정사**

경상북도 안동시 서후면에 있는 봉정사는 부석사와 마찬가지로 신라 시대 의상 대사가 지은 절로 알려져 있어. 의상 대사가 부석사에서 종이로 봉황새를 만들어 날려 보낸 뒤 그 새가 내려앉은 자리에 절을 짓고 봉정사라는 이름을 붙였다는 전설이 있어. 하지만 한국 전쟁 당시 절에 있던 경전과 절의 역사를 알 수 있는 소중한 기록이 모두 불에 타서 없어져 버렸지. 비록 절의 기록은 사라졌지만 봉정사에는 오래된 건축물이 많이 남아 있단다.

봉정사를 대표하는 건물은 국보로 지정된 봉정사 극락전이야. 처음에는 대장전이라고 불렸다가 나중에 극락전으로 이름이 바뀌었지. 극락전은 1972년 보수 공사를 하다가 고려 공민왕 12년(1363)에 지붕을 수리했다는 기록이 발견되었어. 그때부터 이곳이 사람들의 관심을 받게 되었어. 우리나라 전통 목조 건물은 처음 지은 뒤에 지붕을 수리할 때까지 보통 100년에서 150년이 지

봉정사 극락전 국보 제15호로 현재 우리나라에서 가장 오래된 목조 건물이야.

나야 하거든. 그러니 봉정사는 1200년대 초에 지어졌다고 짐작할 수 있지. 그래서 봉정사 극락전은 현재 우리나라에서 가장 오래된 목조 건물로 인정받았어. 봉정사 극락전 역시 배흘림기둥과 주심포 양식으로 만들어진 건물이야.

극락전 앞에 있는 봉정사 삼층 석탑은 고려 중기에 만들어진 탑으로 탑의 윗부분 일부가 남아 있지 않지만 경상북도 유형 문화재란다.

오래된 목조 건물이 많은 봉정사는 절을 둘러보는 것만으로도 옛 정취를 한껏 느낄 수 있는 멋진 곳이야. 무려 800년 가까이 지난 극락전을 비롯한 옛 건물들 속에 있다 보면 이곳에서 지내던 옛 조상의 마음도 느껴 볼 수 있을 거야.

월정사

강원도 평창군 오대산 기슭에 월정사가 처음 지어진 건 신라 시대 선덕 여왕 12년(643)이었단다. 신라의 유명한 승려 자장은 중국 당나라에서 부처님의 사리와 대장경의 일부를 가지고 와서 통도사와 함께 월정사를 지었어. 처음 지을 당시 월정사는 임시로 만든 암자에 지나지 않았지만 이후 절의 모습을 갖추어 갔지. 월정사는 여러 가지로 어려운 일을 많이 겪었어. 1307년 고려 충렬왕 때 큰 불이 나서 절이 모두 불타 버렸고, 다시 지은 건물도 1833년 화재로 없어져 버렸지. 1844년 또다시 절을 지었지만 한국 전쟁 중에 우리나라 군대가 군사 작전 때문에 절에 불을 질렀어. 지금 우리가 볼 수 있는 절은 1964년에 다시 지은 거야.

 이렇게 사연 많은 월정사에서 우리가 주의 깊게 봐야 하는 것은 월정사 한가운데 서 있는 월정사 팔각 구층 석탑이야. 국보로 지정된 이 탑은 고려 전기 중국 송나라의 영향을 받아 세워진 탑인데 다각 다층탑이라는 것이 매우 독특해.

 우리나라에서 가장 유명한 석가탑을 비롯해서 대부분의 탑은 층수는 달라도 모두 사각형이지. 삼국 시대와 통일 신라 시대의 불교는 안정되고 완벽한 모습을 추구했어. 그래서 탑을 만들 때도 안정적이면서 균형 잡힌 모습으로 만들려고 하다 보니 사각형으로 만들었어. 그런데 고려 시대에 중국의 영향을 받으면서 사각형보다 각이 많고 층수도 많은 다각 다층탑이 만들어지기 시작했단다. 대표적인 게 바로 월정사 팔각 구층 석탑이야.

석가탑

월정사 팔각 구층 석탑 앞에는 보물로 지정된 석조 보살 좌상이 있어. 석조 보살 좌상은 고려 시대에 중국의 영향을 받아 만들었을 거라고 추측되는데, 많이 파손되고 색도 바랬지. 팔각 구층 석탑과도 조화를 이루며 고려 시대 불교 예술의 특징을 잘 보여 준단다.

월정사는 우리나라의 아픈 역사를 담고 있는 사찰 중에 하나야. 월정사에 여러 차례 불이 나지 않았더라면 위대하고 훌륭한 문화재가 더 많이 남아 있을 테니까. 문화재는 조상들이 우리에게 주

신 소중한 선물로, 우리가 후손에게 물려줘야 하는 것이야. 그만큼 잘 지키고 보존해야 해. 월정사를 여행하며 우리 문화재의 소중함을 다시 한 번 느껴 보는 건 어떨까?

월정사 팔각 구층 석탑 국보 제48호이며 중국 송나라의 영향을 받아 세워진 탑이야.

두루두루 살펴보자 _ 서울에 있는 고려의 문화유산

불교 국가였던 고려의 여러 가지 문화재를 둘러본 소감이 어때? 그동안은 절에 있는 것은 다 비슷비슷하게 보였겠지만, 각각 의미 있고 소중한 것들이지? 그럼 이제부터는 서울에 남아 있는 새로운 고려 시대의 유물과 유적을 찾아 여행을 한번 떠나 볼까?

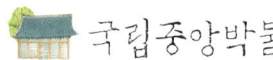 국립중앙박물관

서울 용산에 있는 국립중앙박물관은 서울에서 고려 시대 유물을 가장 많이 볼 수 있는 곳이야. 국립중앙박물관은 고려 시대뿐만 아니라, 우리나라의 모든 시대와 나라의 여러 유물을 감상하기에 좋은 곳이란다.

국립중앙박물관에 들어서면 거대한 석탑이 우리를 맞이해 주지. 바로 경천사 십층 석탑이야. 고려 후기에 만들어진 경천사 십층 석탑은 원래 경기도 개풍군에 있던 경천사라는 절터에 있었어. 이 탑을 1909년 일본 대사로 와 있던 다나카 미쓰아키가 몰래 일본에 가져갔는데, 다행히 되돌려 받았지.

경천사 십층 석탑은 우리나라에서는 보기 드물게 짝수 층 탑이란다. 화려한 조각이 눈에 띄는데 당시 몽골족이 세운 원나라의 영향을 받아 만들어졌어. 고려는 몽골과의 전쟁에서 진 뒤로 몽골에 여자가 많이 잡혀 갔지. 당시 원나라로 잡혀간 고려인 가운데 기자오라는 사람의 딸이 있었지. 그런데 운이 좋게 황제의 부인이 되었고

📷 **경천사 십층 석탑** 국보 제86호로, 탑의 몸에 부처, 보살, 꽃무늬가 정교하게 새겨져 있어.

아들까지 낳아 황후 자리까지 올라갔어. 이렇게 되자 기씨 집안의 힘이 세졌고 그들에게 잘 보이려는 사람도 늘어났지. 그러자 원 왕실의 번영과 고려 왕실의 장수를 기원하며 수도 개경으로 들어가는 길목, 경천사에 탑을 세우게 된 거야.

경천사 십층 석탑은 우리나라 탑에서는 보기 드문 모양을 하고 있단다. 100년 정도 뒤 조선 시대에 만들어진 원각사지 십층 석탑은 이 탑을 보고 만들었다고 해.

국립중앙박물관에 전시되어 있는 고려 시대의 유물은 250점이 넘는데 그중 청자가 절반이 넘어. 청자는 고려에서 가장 유행했던 도자기였고, 고려는 세계적으로 청자 만드는 기술이 가장 뛰어났지. '청자'라고 하면 많은 사람이 화병이나 항아리를 생각하지만 고려 시대에는 다양한 물건을 청자로 만들었어. 접시, 밥공기, 반찬 그릇, 기름 병, 주전자 등 주방 용품뿐만 아니라 베개, 도장, 벼루 등 생활용품도 만들었고, 심지어 주사위 같은 놀이 기구도 청자로 만들었지. 고려 시대에 청자는 귀족과 일반 백성 모두가 사용하던 생활용품이었던 거야.

국립중앙박물관에 있는 수많은 청자 중에서도 눈여겨봐야 하는 것이 있어. 바로 청자 사자 장식 향로란다. 이 청자 향로는 동물 얼굴 모양을 한 다리 세 개가 향로를 받치고 있고, 뚜껑은 사자 모양이야. 12세기 전반은 세련된 비색 청자의 전성기였단다. 은은한 녹청색을 띠고 있는 청자 사자 장식 향로는 이때 만들어진 작품이란다.

국보 제114호인 청자 모란 국화 무늬 참외 모양 병, 국보 제115호인 청자 넝쿨무늬 대접, 국보 제116호인 청자 모란 덩쿨무늬 조롱박 모양 주전자 등 고려의 우수한 상감 기법으로 만든 작품이 국립중앙박물관에 많아.

고려의 상감 기법은 세계 최고 수준으로, 청자를 맨 처음 만든 중국조차도 흉내 내지 못할 정도였다고 해.

국보 제94호인 청자 참외 모양 병처

청자 사자 장식 향로는 국보 제60호야.

청자 참외 모양 병

청자 비룡 모양 주전자

청자 넝쿨무늬 대접

럼 청자 고유의 비취색만으로도 아름다움을 뽐내는 작품도 있고, 국보 제61호인 청자 비룡 모양 주전자처럼 모양이 독창적인 것도 있지. 국보 제95호인 청자 칠보무늬 향로는 토끼 세 마리가 다리가 되어 향로를 받치고 있어. 나타내고자 하는 것만 남겨 놓고 구멍을 뚫어서 조각을 하는 화려한 투각 기법과 양각 무늬, 거기에 상감 기법까지 사용한 화려하면서도 아름다운 청자란다. 맑은 청색이 나는 비취색에 은은한 광택까지 지니고 있어 아름다움이 더욱 돋보이지.

여기 소개한 것 말고도 국립중앙박물관에는 국보로 지정된 청자가 굉장히 많이 있어. 세계 최고 수준을 자랑하는 고려 도공들이 사치품부터 생활용품까지 다양한 작품을 많이 만들었기 때문이지. 안타까운 것은 그런 우수한 기술이 지금은 전해지지 않아서 고려청자의 비취색을 만들지 못한다는 점이야.

국립중앙박물관에 전시되어 있는 고려의 유물은 청자 외에도 여러 가지가 있어. 그중에서도 높은 예술성을 인정받은 국보 제92호 청동 은입사 정병은 고려 시대를 대표하는 금속 공예품이란다. 청동 은입사 정병은 버드나무가 늘어진 강가에서 물오리가 헤엄치는 모습을 상감 기법으로 새겨 넣은 것인데 마치 한 폭의 그림을 보는 듯하지.

또 국립중앙박물관에는 불교 관련 유물도 많이 있어. 천흥사 종은 왕건 때 지어진 천흥사에 있던 종인데 절은 없어졌고 종만 남아 국보로 지정되었지.

고려의 소중한 보물인 거돈사 원공국사 승묘탑 역시 국립중앙박물관에 있지. 고려 초기의 승려 원공국사의 사리를 모신 부도로 원래는 강원도 원주에 있었어. 그런데 일제 강점기 때 일본이 몰래 가져갔던 것을 1948년 되찾아 와 야외 전시장에 세워 두었지. 거돈사 원공국사 승묘탑은 단정하고 아담하여 균형과 비례가 잘 맞는 부도야.

그동안 고려 유물은 신라나 조선 시대 유물에 비해 관심을 덜 받았던 게 사실이야. 하지만 청자의 세련미와 불상이나 종에서 엿보이는 소박함은 다른 시대 유물에서는 경험할 수 없는 고려 시대 유물만의 색다른 매력이라고 할 수 있어.

고려청자를 만들 수 있는 그날이 오기를!

 경복궁

조선 시대의 궁궐인 경복궁 뜰에는 고려 시대 유물도 많아. 물론 처음부터 경복궁에 있었

던 게 아니야. 그렇다면 어째서 조선 시대 궁궐인 경복궁으로 옮겨진 걸까?

우리나라 부도 가운데 가장 훌륭한 작품이라고 평가받는 건 국보 제101호인 법천사 지광국사 현묘탑이야. 조각이 매우 정교하고 세련되어 굉장히 아름다운 부도란다.

법천사는 원래 강원도 원주에 있던 절로 법천사 지광국사 현묘탑 역시 원주에 있었어. 그런데 일제 강점기 때 일본인이 이 부도를 오사카로 가져갔던 걸 다시 되찾아 와 원래 위치인 법천사에 세웠지. 1950년 한국 전쟁 때 파손되어 1957년에 복원하면서 경복궁에 세운 거란다.

국보 제100호인 남계원 칠층 석탑은 원래 고려의 수도였던 개성에 있었는데 1915년 경복궁으로 옮겨 왔어. 그 당시 탑의 밑부분은 가져오지 않아 원래의 모양을 유지하지 못하다가 1990년에 원래의 모양을 되살려 놓았단다.

이처럼 경복궁에 있는 고려 시대 유물은 여러 가지 이유로 이리저리 옮겨지다가 경복궁에 남게 된 거야. 안타까운 건

법천사 지광국사 현묘탑

일제 강점기 때 일본인이 우리 유물을 불법으로 일본에 가져가려다 모양이 파손되거나 제 모습을 찾지 못한 유물이 많다는 거야. 아직도 일본에는 우리나라 유물이 많다고 하니 참으로 안타까워.

📷 남계원 칠층 석탑

지붕의 귀퉁이가 들린 것은 고려 석탑의 특징이야.

우리가 유물 관리를 잘못해서 망가뜨린 경우도 있단다. 서울 홍제동 오층 석탑은 사현사라는 절에 있다가 지금의 홍제동으로 옮겼고, 다시 경복궁으로 옮겨왔단다. 그런데 처음 옮길 때부터 탑의 밑부분이 없었다고 해. 문화재를 소홀히 관리한 탓에 탑을 그대로 보존하지 못했고 가치를 떨어뜨린 거지.

　서울에 남아 있는 고려 문화재는 대부분 크기가 작은 생활용품이나 다른 곳에서 옮겨진 탑과 부도란다. 자, 그럼 이제는 전국을 다녀 볼까?

경복궁으로 옮길 때부터 밑부분이 없었어.

홍제동 오층 석탑

방방곡곡 돌아보자 _ 전국에 있는 고려의 문화유산

고려 문화재가 모두 절이나 서울의 박물관에만 있는 건 아니야. 또한 모든 문화재가 불교와 관련된 것도 아니란다. 전국 곳곳에는 고려의 흔적을 찾아볼 수 있는 다양한 종류의 유물과 유적이 많이 남아 있어. 그럼 지금부터 새로운 고려 여행을 한번 떠나 볼까?

강화도

강화도에 가면 고려의 옛 궁궐터를 볼 수 있어. 고려의 수도는 개성인데, 왜 강화도에 고려의 궁궐터가 있냐고? 이곳은 고려가 몽골의 침략을 피해 강화도로 피난을 가서 임시로 사용했던 궁궐 자리란다.

몽골의 침략을 받은 고려는 계속 싸울 수 있는 방법을 찾으려고 했어. 그러고는 몽골족의 약점을 알아냈지.

 넓은 몽골 초원에서 태어나 말을 타고 대륙을 호령하던 몽골족은 바다를 본 적이 없었으니 헤엄칠 줄도, 배를 만들 줄도 몰랐거든. 그래서 고려 왕조는 강화도로 피난을 갔어. 강화도는 인천에서 다리 하나만 건너면 갈 수 있는 가까운 섬이지만 몽골족은 물이 무서워서 강화도까지 가지 못했어.

 강화도로 피난을 간 고려 왕실은 2년여에 걸쳐 궁궐을 지었는데 규모는 작았지만 개성에 있던 궁궐과 똑같이 지었다고 해. 고려가 39년 만에 항복한 뒤 몽골의 요구로 궁은 모두 허물었단다.

 강화도 피난 당시 왕실 사람이 다닐 수 있는 절도 지었어. 하지

만 현재 절은 남아 있지 않고 그 절터에 석탑만 남아 있어. 그 탑이 하점면 오층 석탑이란다. 하점면 오층 석탑은 발견 당시 탑 조각들이 흩어져 있어 제 모습을 알아볼 수 없었대. 겨우 복원했지만 심하게 망가진 상태였지.

　강화도에 남아 있는 고려 유적은 그 수는 적지만 강화도 피난 시절의 모습을 보여 주는 유일한 문화유산이어서 중요하단다.

하점면 오층 석탑

흩어진 탑 조각을 복원했어.

경기도 파주

경기도 파주시 용미리에 있는 마애이불 입상은 크기가 17.4미터나 되는 거대한 고려 시대 불상이란다. 우리나라에서 쌍으로 된 석불 입상 중 가장 크지. 파주 용미리 마애이불 입상은 자연 바위를 불상의 몸체로 삼고 그 위에 목, 머리, 갓 등을 따로 만들어 얹어 놓았단다. 사람들은 둥근 갓을 쓴 왼쪽 불상은 여자, 네모난 갓을 쓴 오른쪽 불상은 남자라고 여기지.

워낙 커서 멀리서도 쉽게 보이는 이 불상은 세련되지는 않지만 푸근한 느낌이 들어. 이런 점이 고려 불상의 특징이란다. 자연의 바위를 그대로 몸체로 표현하다 보니 앞에서 보면 불상처럼 보이지만 뒤에서는 목, 머리, 갓의 돌 세 개가 그냥 작은 탑처럼 쌓여 있는 것처럼 보인단다.

이 불상에는 다음과 같은 설화가 전해져. 고려 중기 13대 왕인 선종은 자식이 없어 고민하던 중 셋째 부인으로 원신 궁주를 맞았어. 하지만 여전히 아이가 생기질 않아 걱정이었지. 그런데 어느 날 원신 궁주의 꿈속에 두 도승이 나타나 "우리는 장지산 남쪽 기슭에 있는 바위틈에 사는 사람들이오. 배가 매우 고프니 먹을 것을 주시오."하고는 사라져 버렸어. 꿈에서 깬 궁주는 왕에게 꿈 얘기를 했고 선종은 사람을 보내 장지산 아래에 큰 바위 두 개가 나란히 서있는 것을 알아냈지. 왕은 즉시 이 바위에 불상을 새기고 절을 지어 불공을 드리게 했어. 그러자 그해에 원신 궁주가 아들을 낳게 되었다는 거야.

　이런 전설 때문인지 파주 용미리 마애이불 입상 근처에는 사람들이 아들을 낳게 해달라고 빌며 쌓아 올린 돌탑이 많이 있단다. 보기만 해도 푸근한 용미리 마애이불 입상은 고려 시대에도, 오늘날에도 많은 사람에게 평온함을 주는 것 같아.

파주 용미리 마애이불 입상

충청북도 청주

절에 행사가 있을 때 절 입구에는 '당'이라는 깃발을 달아 두는데 그 깃발을 달아 두는 장대를 '당간'이라고 해. 당간에 다는 깃발은 그냥 깃발이 아니라, 부처님의 위엄을 나타내고 모든 괴로움을 없애 주는 깃발이란다. 청주시 남문로에 가면 예전에 용두사라는 절이 있던 터가 있는데, 이곳은 높이 솟아 있는 당간으로 유명하단다. 용두사는 고려 광종 때인 962년 지어졌으나 지금은 없어졌어. 절이 있던 곳은 청주 시내에서 가장 번화한 거리가 되었지. 절은 없지만 당간의 기둥을 받치고 있는 돌과 기둥 두 개가 온전히 남아 있단다.

국보 제41호로 지정된 용두사 터 철당간과 관련해서 이야기 하나가 전해지고 있단다. 예로부터 청주에는 홍수 피해가 심해 백성들이 살기 힘들었다고 해. 어느 날 어떤 점술가가 이 지역이 배 모양으로 생겨서 큰 돛대를 세워 놓으면 홍수 피해를 면할 수 있을 거라고 했대. 그래서 이곳에 돛대 역할을 하는 당간을 세워 놓았는데 그 뒤부터 정말로 홍수가 줄었다는 거야.

얼핏 보면 용두사 터 철당간은 평범한 쇠기둥처럼 보여. 하지만 이것은 예전 당간의 모습을 알 수 있는 아주 소중한 문화재야. 실제 우리나라에서 철당간이 남아 있는 곳은 공주 갑사, 안성 칠장사와 청주, 단 세 곳뿐이란다.

용두사 터 철당간 국보 제41호로 철통 20개를 이어 붙인 것으로 원래는 30개였어.

청주시 번화가에 있어서 눈에 잘 띄는구나.

충청남도 천안

천안에서 우리가 볼 고려 유물은 봉선홍경사 사적갈비란다. 봉선홍경사는 1021년 세워진 고려 시대의 절이야. 절 이름 앞에 붙은 '봉선'이라는 말은 절을 짓기 시작했던 고려 왕 안종이 완성을 못하고 죽자 아들인 현종이 절을 완공하고 아버지의 뜻을 받든다는 의미로 붙인 거야. '갈비'는 절을 세우게 된 기록을 새겨 놓은 것으로 비석보다 작은 것을 가리켜. 안타깝게도 절은 남아 있지 않고 절터에 갈비만 남아 있단다. 보통 갈비는 장식 없이 돌기둥만 세워져 있지만, 봉선홍경사 사적갈비는 독특하게 거북 받침돌과 머릿돌을 갖추고 있단다. 몸 전체는 거북 모양이지만 머리는 용의 모양을 하고 있고, 머리 양쪽에는 물고기의 지느러미처럼 생긴 날개가 새겨져 있어. 머릿돌에는 구름에 휩싸인 용의 모습이 표현되어 있지.

갈비에 쓰여진 기록에 따르면 봉선홍경사가 있었던 곳은 사람이 사는 집이 드물고 잡초가 우거진 곳이었다고 해. 그러다 보니 가끔 도적이 나타나 지나가던 행인들을 괴롭혔지. 그래서 백성의 안전을 생각하며 절을 지었고, 절의 서쪽에 방을 마련하여 지나가던 행인들이 하룻밤 묵어 갈 수 있게 했다고 하는구나. 사적갈비의 글은 고려 시대 최고의 학자였던 최충이 지었고, 고려 초기의 서예가 백현례가 글씨를 썼다는 점에서도 큰 의미가 있지.

봉선홍경사 사적갈비 국보 제7호로 최충이 글을 짓고, 백현례가 글씨를 썼어.

강원도 강릉

이번에는 강릉에 있는 객사문을 소개할게. '객사'란 고려와 조선 시대에 각 고을에 두었던 지방 관청 중 하나야. 이곳에 중앙 관리나 사신이 묵기도 했지. 강릉 객사는 고려 초기인 936년에 건물을 짓고 '임영관'이라고 불렀어. 지금도 문에 걸려 있는 '임영관'이라는 현판은 고려 31대 공민왕이 직접 쓴 것으로 널리 알려져 있지. 국보 제51호로 지정된 이 객사문은 강릉 객사의 정문이었는데, 지금은 건물이 없어지고 문만 남아 있단다. 객사는 일제 강점기에는 학교로 쓰이다가 이후 헐려 버렸거든. 객사문 지붕은 옆에서 보면 사람 인(人)자 모양을 하고 있어. 객사문은 고려 시대 건축 양식의 특징을 잘 보여 주는 작품으로 그 가치를 인정받고 있단다.

강릉 객사문 국보 제51호로 객사 건물은 없어지고 이 문만 남은 상태야.

경상남도 창원

경상남도 창원시 자산동에 있는 우물을 보러 가 볼까? 평범해 보이는 이 우물은 고려가 몽골의 간섭을 받던 시기와 관련 있는 유적이란다.

39년 동안의 긴 전쟁 끝에 고려를 점령한 몽골군의 최종 목표는 일본 점령이었어. 일본만 점령하면 동아시아 전부를 손에 넣을 수 있으니까. 몽골은 일본으로 진격할 계획을 세웠지. 그런데 문제가 있었어. 간단한 배조차 만들 줄 몰랐던 몽골군이 바다를 건너는 일은 불가능했지. 그래서 몽골은 고려를 이용했단다.

몽골은 일본 진격을 계획하면서 배를 만들고 전투에 필요한 식량 준비 등 모든 일을 고려에 맡겼지. 그러고는 두 차례나 일본 원정을 시도했지만 모두 실패로 끝났어. 공교롭게도 두 번 다 태풍이 불어 일본에 도착하지 못했단다. 이를 두고 일본에서는 신이 일본을 지켜주기 위해 태풍을 보내 주었다고 믿었어. 그도 그럴 것이 당시 일본은 전국이 혼란스러워서 몽골이 쳐들어와도 전혀 막을 수 없는 상황이었대. 그런데 그런 일본에 몽골군이 태풍으로 아예 도착하지도 못했던 거야.

두 번이나 일본 원정이 실패했지만 몽골군은 남해안에서 물러나지 않았어. 방어를 한다는 명목으로 환주산(지금의 마산합포구 정수장 일대)에 군사를 배치했어. 그때 그곳에 머물던 군사들이 마실 물을 마련하기 위해 판 우물이 바로 몽고정이란다.

  이 우물은 원래 '고려정'이라고 불렸으나 일제 강점기인 1932년 일본 단체인 고적보존회가 우물 앞에 '몽고정'이라는 비석을 세우면서 몽고정으로 불렸어. 몽고정이 생긴 배경은 우리에게는 그리 좋은 기억은 아니지만 이런 아픈 역사나 흔적도 잘 알고 있어야 한단다. 그래야 다시는 이런 일을 겪지 않도록 노력할 수 있을 테니까.

비행기 타고 돌아보자 _ 해외에 있는 고려의 문화유산

전국에 남아 있는 고려 시대의 유물 말고 살펴봐야 할
중요한 우리 문화유산이 또 있어. 바로 해외로 빠져나간 소중한
문화유산들이야. 그중에서도 가장 대표적인 것이
직지심체요절과 수월관음도란다.

직지심체요절

『직지심체요절』의 원래 명칭은 『백운화상초록불조직지심체요절』이야. 고려 승려인 백운 화상이 참선에 필요한 내용을 뽑아 1372년 펴낸 불교 서적이야. 『직지심체요절』은 원래 상·하로 나뉜 두 권이었으나 현재는 하권만 남아 있어. 이 책이 사람들의 관심을 받고 있는 이유는 전 세계에 남아 있는 금속 활자로 인쇄된

책 중에서 가장 오래되었기 때문이지. 그래서 2001년 유네스코 세계 문화유산으로 지정되었단다.

『직지심체요절』은 1455년 세계에서 처음 금속 활자를 사용한 것으로 알려진 독일 구텐베르크의 금속 활자본보다 78년이나 먼저 만들어졌어. 우리나라가 금속 활자를 서양보다 먼저 사용한 거야. 정말 놀랍지?

사실 금속 활자로 찍어 낸 책이 『직지심체요절』만 있는 건 아냐. 기록에 따르면 1234년 『상정고금예문』을 만들 때 금속 활자를 사용했으며, 그 이후 금속 활자 사용은 점점 늘어갔어. 안타깝게도 『상정고금예문』은 현재 전해지지 않는데, 이 책은 구텐베르크의 금속 활자보다 무려 200년 넘게 앞선 것이지. 하지만 『상정고금예문』이 없기 때문에 금속 활자를 사용한 책 중 지금까지 남아 있는 고려 시대의 책은 『직지심체요절』이 유일해. 이 책은 세계 최초의 금속 활자본으로 인정받았단다.

직지심체요절은 세계의 문화유산이야.

세계의 자랑거리이자 우리나라의 훌륭한 문화유산인 『직지심체요절』은 안타깝게도 현재 프랑스 국립도서관에 있어. 대한제국 말기인 1886년 5월 3일 '한불 수호 통상 조약'에 따라 프랑스 공사로 와 있던 콜랭 드 플랑시는 우리 책과 골동품을 수집했는데 그때 『직지심체요절』을 프랑스로 가져갔지. 당시 우리나라는 다른 나라의 침략을 받던 터라 문화재나 옛날 책 등을 지키는 데에는 관심을 기울이지 못했단다.

플랑시는 『직지심체요절』을 비롯한 옛날 책을 모아 프랑스로 가져가 동양어학교에 기증했어. 이후 『직지심체요절』은 수집가 앙리 베베르가 단돈 180프랑에 샀다고 해. 우리 돈으로 약 5만원에 해

직지심체요절 1372년 펴낸 불교 서적으로 전 세계에서 가장 오래된 금속 활자본이야.

빨리 돌려받고 싶다.

당하는데 『직지심체요절』의 가치를 생각하면 형편없는 금액이었지. 베베르가 죽은 후 『직지심체요절』은 프랑스 국립도서관에 기증되었어. 하지만 이 책에 관심을 갖는 사람은 없었고 그 존재도 잊혀졌단다. 그런데 이 책이 우리나라의 것이며 금속 활자로 인쇄되었다는 것을 밝힌 사람이 나타났어. 바로 박병선 박사님이야. 박사님은 프랑스 국립도서관에서 사서로 일하고 있었는데, 이 책도 찾아내고, 금속 활자본이라는 것도 밝혀 냈어. 1972년 파리에서 열린 '책의 역사' 전시회 때 『직지심체요절』이 전시되면서 비로소 책의 존재와 가치가 세상에 알려지게 되었지. 그동안 기록으로만 전해오던 고려 인쇄술이 알려졌고, 동시에 우수한 우리 문화가 세계에서 인정받게 된 거야.

그렇지만 아직까지도 『직지심체요절』은 프랑스에 있고 언제 돌려받을 수 있을지 몰라. 현재 프랑스에는 1,500점 정도의 우리 문화재가 있는데 대부분 『직지심체요절』 같은 우리나라의 소중한 기록 유산으로 반드시 돌려받아야 할 것이야.

 수월관음도

고려 시대를 대표하는 유물 두 가지는 청자와 불화야. 청자가 물질적으로 고려 사람들의 삶을 풍요롭게 해 주었다면, 불화는 정신적인 삶을 여유롭게 해 주었지. 불화는 불교 관련 그림이야. 불교의 나라 고려에서는 불화 그리는 일을 나라를 지키는 일로 여겨 권장했단다. 그런 만큼 뛰어난 불화를 많이 그렸지. 워낙 고려의 불화가 뛰어나다 보니 중국은 고려에 불화를 주문하기도 했고, 일본에서는 고려 불화의 우수성을 따로 소개하기도 했어.

불화는 크게 세 가지 종류로 나눌 수 있어. 벽에 직접 그리는 벽화, 불교 경전에 그리는 경화, 벽면에 거는 탱화가 있지. 고려 불화는 다른 나라 불화보다 섬세하고 화려했어. 검은색 비단이나 종이에 금이

이 수월관음도는 국보 제1286호로 절제된 아름다움이 특징이야.

나 은을 녹여 그렸기 때문이란다.

그렇지만 안타깝게도 고려 시대 전기에 만들어진 불화는 현재 남아 있지 않아. 절에 모셔져 있던 불화가 거란이나 여진, 몽골의 침략으로 절이 불타면서 함께 사라진 거지. 남아 있는 불화는 거의 고려 말에 그려진 것인데 모두 240점 정도 된단다. 이 중에서도 수월관음도가 200점쯤 되는데, 고려 시대에 그려진 국보급 불화는 현재 거의 일본에 있어. 왜냐하면 임진왜란 당시 조선에 쳐들어온 일본인들이 우리나라의 문화재를 빼앗아 가거나 뛰어난 기술자를 잡아갔거든. 그리고 그때 훌륭한 고려 불화도 대부분 훔쳐 가고 말았단다. 2001년 조사에 따르면 고려 시대 불화는 우리나라에 13점, 일본에 106점, 미국과 유럽에 17점이 있다고 해. 우리의 문화유산인데 우리나라에 있는 것이 이렇게 적다니 참으로 안타까운 일이지.

관음보살은 불교에서 사람들의 아픔과 고통을 덜어 주고, 소원도 들어준다고 알려져 있어. 수월관음 혹은 양류관음이라고도 불리는데 예로부터 불화에 많이 등장했단다. 수월관음도에서 '수월'이란 '물에 비친 달빛'이라는 뜻이야. 관음보살의 표정이 물에 비친 달빛처럼 고요하고 평온하다는 걸 의미해. 오늘날까지 전해지고 있는 수월관음도는 대개 바위에 비스듬히 앉아 오른손에 버드

나무 가지를 들고 있지. 현재는 일본에 있지만 언젠가는 다시 돌려받아야 할 우리의 문화유산이니까 간단하게라도 특징을 알아야 할 것 같아.

첫 번째로 일본 가가미진자에 보관되어 있는 수월관음도가 있어. 이 수월관음도는 세로 419.5센티미터, 가로 254.2센티미터의 거대한 크기야. 높이가 4미터가 넘으니 웬만한 어른 두 명의 키를 합한 크기라고 할 수 있지. 이 그림은 우아하면서도 선명한 색채가 돋보이는 걸작이야.

서구방 수월관음도

두 번째로 일본 스미토모 집안이 소장하고 있는 수월관음도야. 세로 165.5센티미터, 가로 101.5센티미터의 비단에 1323년 서구방이 그린 그림이야. 그린이와 제작 연도가 확실하고 우아한 표정, 색채, 구도 등이 뛰어나 고려 불화 연구에 귀중한 자료가 되고 있어.

세 번째는 일본 센소지에 보관되어 있는 혜허의 수월관음도야.

세로 144센티미터, 가로 62.6센티미터의 비단에 그린 이 그림은 그림을 그린 혜허의 이름이 정확히 나와 있어. 관음보살이 바위에 걸터 앉아 있는 대부분의 수월관음도 하고는 다르게 버들잎 속에 서 있는 특이한 형태라서 유명해진 작품이야. 이 수월관음도는 선이 섬세하고 색채가 돋보이는 특징이 있단다.

　여기에 간단하게 소개한 일본에 있는 수월관음도는 모두 뛰어난 걸작일뿐만 아니라, 보존 상태도 매우 좋아 다른 나라의 그 어떤 문화유산과 비교해도 손색이 없는 훌륭한 작품이란다. 다만 이 문화유산을 원래 주인인 우리가 가져올 수 없다는 것이 안타까울 뿐이지.

　이밖에도 일본이 가지고 있는 우리나라 문화재는 현재까지 알려진 것만 3만 점에 이르고 개인이 몰래 소장하고 있는 것까지 하면 그 수는 훨씬 더 많을 거라고 해. 하루라도 빨리 그 모든 문화유산을 돌려받을 수 있게 우리 모두 노력해야 할 거야.

통일되면 꼭 가 보자 _ 북한에 있는 고려의 문화유산

고려의 수도였던 개성은 지금은 북한 땅이야. 왕건이 처음 고려를 세울 때는 송악이라고 부르다가 개경으로 이름을 바꿔 불렀지. 현재 우리가 개성의 문화재를 둘러보는 것은 쉽지 않지만, 언젠가 통일이 되면 개성에 가 볼 수 있을 거야. 그때를 기대하며 개성에 있는 고려 문화재에 대해 한번 알아보자.

만월대

개성은 북쪽에 있는 송악산과 남쪽에 있는 용백산 사이에 있는 분지로 농사가 잘 되고 교통이 편리하며 적의 침략을 막아 내기에 좋은 곳이야. 고려의 수도이자 가장 중요한 도시였던 개성에는 아직도 고려의 흔적이 곳곳에 남아 있단다.

만월대는 송악산 남쪽에 있는 고려 시대의 왕궁이 있던 터야.

원래 명칭은 만월대가 아니었는데 '달을 바라보는 곳'이라는 뜻에서 '만월대'라고 부르다가 아예 명칭이 되었다고 해.

　만월대는 왕궁치고는 전체적으로 좁고 검소한 분위기를 띠었던 게 특징이야. 만월대가 검소하고 작았던 건 왕실의 사치를 줄이기 위해서였지만 만월대 외에도 왕이 머물 거처가 있었기 때문이란다. 고려 시대에는 3경이라고 하여 수도가 개경(지금의 개성), 북쪽의 서경(지금의 평양), 남쪽의 남경(지금의 서울) 이렇게 세 군데나 있었어. 특히 서경은 북쪽으로 땅을 넓히려 했던 고려에게는 중요한 곳이어서 왕이 자주 가서 머물렀어. 그러다 보니 만월대의 크기가 클 필요가 없었던 거야. 만월대는 안타깝게도 1361년 불타 없어지고 지금은 그 터만 남아 있단다.

만월대

지금은 왕궁 터만 남아 있어서 안타까워.

 남대문

개성시 북안동에 있는 남대문은 북한의 국보로 지정될 정도로 문화적 가치가 높단다. 고려가 망하기 1년 전인 1391년에 짓기 시작하여 1393년 완성되었어. 하지만 1950년 한국 전쟁 때 많은 부분이 파괴되어 1954년 복구했어.

남대문의 문루에는 충목왕 2년(1346) 원나라 사람이 만들었다는 종이 있어. 원래 이 종은 연복사라는 절에 걸려 있었는데, 1563년에 연복사가 불타 버리면서 이곳으로 옮겨와 달게 된 거라고 해.

직사각형의 화강암 축대 위에 세운 개성 남대문의 특이한 점은 가운데 부분이 볼록한 배흘림기둥 기법을 사용했다는 점이지.

고려 왕조의 마지막 건축물인 개성 남대문은 고려 말 건축 기법을 잘 보여 준단다. 특히 조선 시대에 세워진 서울의 숭례문과 아름다움을 비교해 볼 수 있는 문화유산이지. 이런 점을 생각하니 서울의 숭례문이 불타 버린 게 더욱 아쉬워지네.

남대문 연복사 종

 선죽교

선죽교는 고려 태조가 개경으로 도읍을 정한 뒤 시가지를 정비할 때 만들었다고 해. 선죽교는 그냥 작은 돌다리였는데 정몽주가 이곳에서 죽으면서 유명해졌단다.

고려 말 정치를 걱정하던 학자들은 고려의 장래를 놓고 두 파로 나뉘었어. 일부 학자들은 고려가 아닌 새 왕조를 세우자고 주장하며 이성계를 왕으로 삼으려고 계획했지. 하지만 이를 반대하는 학자도 많았어. 대표적인 인물이 바로 정몽주야. 정몽주는 학식이 뛰어날 뿐만 아니라 인품 또한 훌륭하여 따르는 사람이 많았어.

당시 아버지 이성계를 도와 새 왕조를 세울 준비를 하던 이방원은 정몽주가 생각을 바꾸

원래 이 다리 이름은 선지교였다고 해.

지 않는 한 다른 많은 학자가 새 왕조 건립을 반대할 것이라고 여겼지. 그래서 정몽주를 설득하려고 했단다. 이때 이방원이 정몽주의 마음을 돌리고자 보낸 시가 '하여가'야.

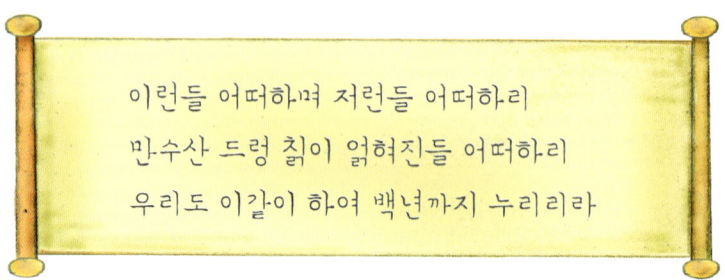

이런들 어떠하며 저런들 어떠하리
만수산 드렁 칡이 얽혀진들 어떠하리
우리도 이같이 하여 백년까지 누리리라

이에 정몽주는 '단심가'를 보내 이방원의 제안을 거절했지.

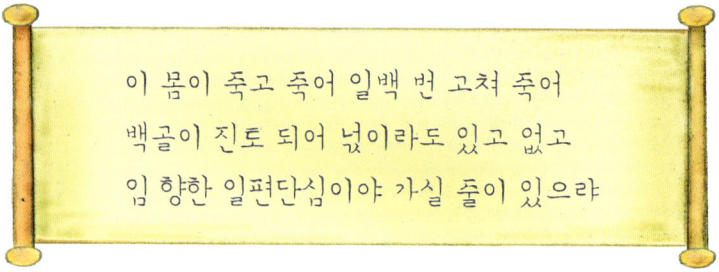

이 몸이 죽고 죽어 일백 번 고쳐 죽어
백골이 진토 되어 넋이라도 있고 없고
임 향한 일편단심이야 가실 줄이 있으랴

아무리 설득해도 정몽주가 고집을 꺾지 않자 이방원은 정몽주를 선죽교로 불러내어 죽였어. 정몽주가 죽자 새 왕조 건립에 반대하던 학자들은 흩어졌고, 이성계는 조선을 세울 수 있었지. 하지만 억울하게 죽은 정몽주의 한이 서려 있어서 그런지 선죽교에는 비가 오면 정몽주의 핏자국이 나타난다는 전설이 있어.

선죽교는 원래 선지교였는데 정몽주가 죽던 날 밤 다리 옆에 대나무가 자라났기 때문에 이름을 선죽교로 바꿨다고 해.

　선죽교는 현재 북한의 국보급 문화재야. 다리 옆에는 정몽주가 살아 있는 동안 이룬 업적이 새겨진 비석 두 개가 세워져 있지.

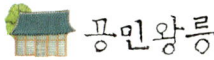 공민왕릉

　개성 만수산 언덕에 있는 공민왕릉은 규모가 웅장한 고려 시대의 대표적 왕릉이야. 고려 시대에는 불교를 받들었기 때문에 남아 있는 무덤이 많지 않단다. 불교에서는 화장하는 관습이 있어서 무덤을 만드는 경우가 드물었거든.

　공민왕은 고려 31대 왕인데 당시 고려는 몽골의 간섭을 심하게 받고 있었어. 공민왕의 부인 노국 공주 역시 몽골 여자였지. 공민왕은 몽골의 간섭에서 벗어나고자 애쓰며 왕권을 키우려고 힘을 기울였단다. 공민왕은 자신의 정책을 실현하기 위해 승려인 신돈을 등용했어. 신돈은 공민왕을 도와 고려가 몽골의 간섭에서 벗어날 수 있도록 애썼어. 또한 몽골 세력에 붙어 힘을 키운 권문세족의 힘을 누르고자 했지. 공민왕의 의지와 신돈의 노력 덕분에 고려 정치는 서서히 나아지는 듯했지. 하지만 공민왕의 부인인 노국 공주가 죽자 개혁은 멈춰 버렸어. 노국 공주는 몽골 사람이면서도 몽골의 간섭을 막으려던 공민왕의 정치를 지지해 주었고 공민왕은 이런 노국 공주를 많이 사랑했거든. 노국 공주가 아기를 낳다가 죽자 공민왕은 부인을 잃은 슬픔에 잠겨 아무 일도 하지 못하게 된 거야.

　공민왕릉은 노국 공주가 죽은 뒤 7년여에 걸쳐 만든 무덤이야. 고려 왕릉 가운데 유일하게 왕과 왕비의 무덤이 같이 있는 쌍무덤이란다. 무덤의 아래쪽에는 구름무늬와 열두 가지 띠를 상징하는

두 사람의 사랑 너무 낭만적이에요.

12지신을 새긴 화강암이 병풍처럼 둘러져 있고 그 바깥으로 돌로 조각한 범과 양이 새겨져 있어. 쌍무덤에는 살아서 못 다 이룬 공민왕과 노국 공주의 애틋한 마음이 담겨져 있단다.

 현릉

고려를 세운 왕건과 신혜황후 유씨를 함께 묻은 무덤으로 왕건 왕릉이라고도 불러. 공민왕릉에서 조금 떨어진 개성시 개풍군 해선리에 있어. 기록에는 현릉이 송악산 서쪽 파지동 남쪽에 있었다고 하는데, 현릉은 전쟁이 있을 때마다 옮겨졌기 때문에 지금 이곳이 처음의 위치인지 아닌지는 알 수 없어. 다만 현재 현릉이 위치한 곳은 땅이 좁고 규모가 작아 나라를 세운 왕의 무덤 치고는 작은 편이야.

현릉 고려를 세운 왕건의 무덤이 있어.

무덤 내부에는 돌로 만든 방이 있는데 동쪽 벽에는 대나무와 매화, 청룡이 서쪽 벽에는 오래된 소나무와 백호가 그려져 있단다. 북쪽 벽에도 원래 벽화가 있었으나 도굴로 파괴되어 무엇이 그려져 있었는지 알 수 없고 남쪽엔 출구가 있어서 벽화가 없단다. 청룡이나 백호는 고구려 때부터 그렸지만 대나무, 매화, 소나무 그림은 특이한 경우에 속해. 무덤 안에는 벽화 외에도 왕이 사용하던 것으로 보이는 청자와 주전자, 금으로 만든 장식품 등이 남아 있지.

무덤 주변에는 원래 둘레돌이 12개 세워져 있었는데 모두 파괴되었어. 지금 있는 둘레돌은 1993년 다시 만든 것이야. 무덤 입구에 있는 한문 정(丁)자 모양의 집에는 벽면을 따라 왕건의 일생을 그림으로 그려 놓았어. 이것도 1954년에 다시 만든 거란다.

왕건의 무덤은 푸근하고 안정적이어서 마치 어머니 같은 느낌을 주지. 나라를 세운 왕이 갖추어야 할 것은 무서운 권력자의 모습이 아니라 어머니 같은 따뜻한 모습이라는 걸 우리에게 알려 주는 듯해.

 나성

개성에 있는 나성은 외적의 침입에 대비하기 위해 지은 성이야. 송악산 남쪽 사면에서 시작하여 개성을 둥글게 둘러싸고 있지.

고려 시대에는 유독 외적의 침략이 많았는데 그중 고려를 가장 먼저 괴롭힌 게 거란이었어. 거란은 고려가 세워질 즈음부터 강해지기 시작했는데 고려는 거란을 원수로 여기며 싫어했지. 왜냐하면 거란이 발해를 멸망시켰기 때문이야.

발해는 신라가 삼국을 통일한 뒤 고구려 출신 사람들이 세운 나라였지. 그래서 고려는 발해를 같은 민족의 나라로 여기고 있었거든. 고려는 건국 초기부터 예전 고구려와 발해의 땅을 되찾기 위해 북쪽으로 진출할 계획을 세웠단다. 이 계획대로라면 고려와 거란은 전쟁을 할 수밖에 없었지.

거란은 모두 세 차례에 걸쳐 고려에 침입해 왔어. 1차 침입 때는 서희 장군이 거란의 장수 소손녕과 담판을 지어 거란을 몰아내고 땅을 넓혔지. 2차 침입 때는 양규 장군이 나서서 막아 냈고, 3차 침입은 강감찬 장군이 귀주대첩에서 큰 승리를 거두며 거란을 물리쳤지. 이후 강감찬 장군이 거란의 침입에 대비하여 세운 것이 나성이야. 개성 외곽을 둥글게 둘러싼 나성을 세움으로써 거란의 침입으로부터 수도인 개성을 지키고자 했던 거지.

📷 지금의 개성 모습이야

　또 강감찬 장군은 거란의 침입에 대비하고자 천리장성도 세웠단다. 천리장성은 고려의 북쪽 국경선 전체에 세운 긴 성으로 외적의 침략을 막는 데 큰 역할을 했어. 다만 나성과 천리장성 모두 북한 지역에 있다 보니 지금 우리가 확인하기 어렵다는 점이 안타까울 뿐이지.

첨성대

개성의 만월대 서쪽으로 가면 고려 시대 첨성대가 있어. 지금은 높이 3미터 정도 되는 다섯 개의 돌기둥 위에 사방 3미터 정도의 넓은 돌이 올려진 모습을 하고 있단다. 천문대가 언제 만들어져서 어떻게 쓰였는지 정확히 알 수는 없지만 남아 있는 모습으로 보아 이 첨성대 위에 관측기구를 올려놓고 천체를 관측했을 거라 추측한단다. 얼핏 보면 이 정도 올라가서 본다고 얼마나 별이 더 잘 보일까 싶은 생각이 들 수도 있겠지. 하지만 중요한 것은 그 시대에 이런 천문대를 설치하고 정기적으로 별을 관측했다는 사실이야.

그만큼 고려가 천체 관측에 관심이 있었다는 것을 알려 주는 중요한 문화재란다. 고려의 첨성대는 신라 시대 첨성대와 조선 시대 천문 연구를 연결시켜 주는 유적이기에 그 의미가 더 크다고 할 수 있지.

📷 **첨성대** 고려가 천체 관측에 관심이 있었음을 증명해 준단다.

연표

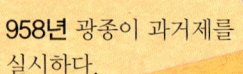
958년 광종이 과거제를 실시하다.

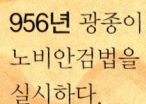

956년 광종이 노비안검법을 실시하다.

936년 고려, 후백제를 멸망시키고 후삼국을 통일하다.

993년 서희가 거란의 1차 침입 때 담판으로 강동 6주를 얻다.

1019년 강감찬이 귀주에서 거란을 격퇴하다.

1107년 윤관이 여진을 정벌하다.

1126년 이자겸, 난을 일으키다.

1135년 묘청, 서경 천도 운동을 벌이다.

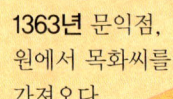
1363년 문익점, 원에서 목화씨를 가져오다.

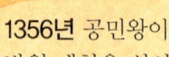
1285년 일연이 『삼국유사』를 완성하다.

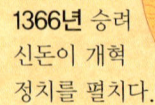
1366년 승려 신돈이 개혁 정치를 펼치다.

1356년 공민왕이 반원 개혁을 실시하다.

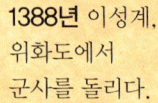

1377년 최무선이 화약을 개발하다. 『직지심체요절』을 인쇄하다.

1388년 이성계, 위화도에서 군사를 돌리다.

918년 왕건이 고려를 건국하다.

1170년 정중부 등이 무신의 난을 일으키다.

1176년 천민이었던 망이·망소이 난을 일으키다.

1196년 최충헌, 정권을 잡다.

1231년 몽골이 1차 침입을 하다.

1232년 몽골의 2차 침입으로 도읍을 강화도로 옮기다.

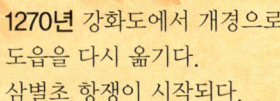

1270년 강화도에서 개경으로 도읍을 다시 옮기다. 삼별초 항쟁이 시작되다.

1251년 팔만대장경을 완성하다.

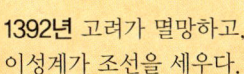

1392년 고려가 멸망하고, 이성계가 조선을 세우다.

초판 1쇄 인쇄 | 2012년 2월 8일
초판 2쇄 발행 | 2013년 5월 2일

지은이 | 이인용
그린이 | 심수근

발행인 | 김우석
제작총괄 | 손장환
책임편집 | 최은정
마케팅 | 김동현, 신영병, 김용호, 이진규
제작 | 김훈일, 박자윤, 임정호

편집·진행 | 김윤정
디자인 | 영&훈
인쇄 | 자윤프린팅

발행처 | 중앙북스(주)
등록 | 2007년 2월 13일 제2-4561호
주소 | (121-904) 서울시 마포구 상암동 1651번지 상암DMCC빌딩 20층
내용문의 | 02-2031-1384
구입문의 | 1588-0950
홈페이지 | www.joongangbooks.co.kr

ISBN 978-89-278-0276-1 77910
     978-89-6188-621-5 77910(세트)

이 책은 중앙북스(주)가 저작권자의 계약에 따라 발행한 것이므로
이 책 내용의 일부 또는 전부를 이용하려면 반드시 중앙북스(주)의 서면 동의를 받아야 합니다.

ⓒ이인용 2012

*많은 사람이 최선을 다해 만든 책입니다. 그러나 혹시라도 잘못된 내용이 있으면 편집부로 연락 바랍니다.
*잘못 만들어진 책은 구입하신 서점에서 교환해 드립니다.
*주니어 중앙은 중앙북스의 어린이 책 브랜드입니다.